世界経済入門

野口悠紀雄

講談社現代新書

2473

はじめに

本書は世界経済についての入門解説書です。世界経済は複雑であり、各国によって経済の状況も非常に大きく異なります。しかも、それらについてのデータが入手しにくいという事情もあります。本書では、そうした状況を踏まえつつ、世界経済の諸問題を、できる限り詳しく、専門用語をできるだけ使わずに平易に解説します。経済学の基礎知識がなくとも、読み進むことができます。

本書が想定している読者は、日常的な仕事で経済問題に関わっているビジネスパーソンの方々、大学教養課程の学生諸君、そして、あらゆる問題について、基礎にまで遡って理解しようとする意欲を持っている方々です。本書は、拙著『日本経済入門』（講談社現代新書、2017年）の姉妹篇になっています。

日本は外国との間を海で隔てられているので、外国の存在をそれほど強く感じません。しかし、日本経済は、さまざまな面で世界経済とつながっています。昔から、貿易を通じて世界経済の変化の影響を受けてきました。いまでは、その影響はもっと強くなっています。

とりわけ、外国（特にアメリカ）の金融政策によって為替レートが変化すると、日本経済は重大な影響を受けます。ここ数年の日本経済の動向は、ほとんど為替レートだけで決まっていると言うことすらできます。

このように、日本国内だけを見ていては、日本経済の動きを正しく判断することができません。

経済分析では、短期的な貿易量の変動や為替レートの変動が注目されますが、なぜそうした変動が起こるかを知るには、世界経済の動向を正しく理解する必要があります。

また、世界経済の動向に合わせて、企業活動を変えていかなければなりません。たとえば、これまで日本で生産していた製品が海外の安い賃金によってより安く生産されるようになれば、国際市場での競争力が落ちます。そうした場合、生産物を変えるのか、それとも安い労働力を用いるために海外に進出するか、などの対応が必要になります。

こうした問題を考える際にとくに重要なのは、中国の重要度が日に日に増大しつつあることです。

中国の経済発展は極めて急速であるため、われわれはまだその意味と、それがもたらす影響の大きさを、十分に把握し切れていません。中国が工業化した後も、「中国製品は安い粗悪品だ」というイメージに囚われています。

そうした側面がいまでもあることは否定できません。しかし一方において、中国ではさまざまな新しい経済活動が飛躍的に拡大しています。とくに、ＩＴやフィンテックの分野における中国の発展は著しく、世界の最先端に立ちつつあります。この影響を的確に見極める必要があります。

１９９０年代以降の日本の長期的停滞は、中国の工業化に適切に対応できなかったことによる面が大きいのですが、いま中国に生じつつある大きな変化を見逃せば、これからさらに大きな問題に直面することになるでしょう。

世界経済との関係において最も重要なのは、他の国との貿易や交流を促進して開かれた経済を作るのか、それとも、そうしたものを否定して国の中に閉じこもるのか、ということです。

これに関して、「自由貿易が必要」と指摘されます。実際、国全体の立場、とくに消費者の立場から見て望ましいのは、その方向です。しかし、生産者の立場から見ると、貿易を自由化すれば、他国から安い製品が流入して事業が圧迫されるなどの問題がありま す。このため、自由な貿易に対して反対することになります。

アメリカのトランプ大統領は、大統領選の時から保護貿易的な政策を標榜していましたが、２０１８年の3月に、知的財産権侵害を理由に一部の中国製品に25%の関税を課す貿易制裁措置を表明しました。また、鉄鋼とアルミ製品への追加関税適用を開始しました。7月には、中国からの輸入品３４０億ドルに対する追加関税を発動しました。中国政府もただちに報復措置に踏み切りました。

こうして、米中貿易戦争が現実のものになってしまったのです。これからさらにエスカレートするかもしれません。事実、トランプ大統領は、強硬策を拡大すると表明しています。

しかし、仮にそうしたことが行なわれても、トランプ大統領が意図するように製造業がアメリカに回帰するとは考えられません。企業のコストや消費者物価が上昇して、企業や消費者の負担を増す可能性があります。それは、アメリカ経済を弱めることになるでしょう。それだけでなく、世界経済が大きく攪乱されることにもなるでしょう。

現実の政策においては、消費者の立場よりは生産者の立場が重視されるため、輸入制限的な政策が取られることが多いのです。そして、ＴＰＰやＦＴＡなどの措置が貿易を阻害するものであるにもかかわらず、自由貿易のための措置であると喧伝されます。

ここで大きな問題は、ＴＰＰやＦＴＡを推進する人たちが、自らを自由貿易派と誤解して、それが自分の利益にならないことを理解していないことです。本書の大きな目的は、こうした誤解を解くことにあります。

各章の概要は、次の通りです。

第1章と第2章では、世界経済の構造がどのように変化しているかを概観します。

第1章においては、様々な指標を用いて世界経済の変化を見ます。このうち最も重要な指標は、GDP（国内総生産）です。世界経済が順調に成長していること、日本は世界の経済の中で重要な地位を占めていることなどを指摘します。

しかし、成長率で見ると、中国の成長率が極めて高く、これによって世界の主要国のGDPの構成が大きく変わっています。そして、日本の国際的な地位が低下しています。

また世界貿易におけるウエイトの変化についても見ます。技術開発力のランキングでは、日本の順位の低下が目立ちます。

第2章のテーマは、貿易などを通じる国と国とのつながりです。現在の世界貿易は、中国の輸出とアメリカの輸入が中心になっています。中国は他の国や地域に対しても、貿易黒字を計上しています。その経済的な意味についても考えてみることにします。

日本は、貿易の面では他国とのつながりが強いのですが、外国資本の支配や移民の受け入れについては極めて消極的であり、鎖国的な態度をとり続けています。

第3章と第4章では、世界経済の構造を理解するために必要な理論的枠組みと、基礎的な諸概念について説明します。

第3章において、なぜ自由な貿易が望ましいかについての説明を行ないます。リカードの比較生産費の理論がこれを考えるための基本的なフレームワークとなります。ここでの基本的な結論は、「どの国も相対的な優位性を持つ産業に特化して、その生産物を輸出するのがよい。そして、相対的な優位性を持たない生産物は他国から輸入すべきだ」ということです。このような貿易を行なうことによって、国は豊かになることができます。

第4章は、国際経済のさまざまな仕組みについての説明です。ここでは、国際金融の仕組みと歴史、そして国際課税の仕組みを取り上げます。これらはいずれも複雑で分かりにくいものですが、企業が国際的な活動を行なうためには、避けて通れない事項です。企業活動がグローバル化すれば、海外活動に直接関係しない仕事の人々も、これらについての最低限の知識を持っている必要があります。

第5章以降は、各国（あるいは地域）についての概観です。

第5章ではアメリカ経済について述べます。現代のアメリカ経済をリードしているのは、製造業ではなく、高度サービス産業です。これを反映して、アメリカの産業構造や主要企業の構成が大きく変わっています。ラストベルトというかつての重工業地帯も、医療産業などの新しい産業によって復活しています。また、先端的ＩＴ産業などの新しい産業が、シリコンバレーで発展しています。トランプ大統領の経済政策は、多様性や異質性を排除しようとするもので、アメリカの長期的な発展にとってマイナスになるでしょう。この章では、トランプ大統領の制裁関税や報復関税がどのような経済的効果を持つかについての定量的な評価も試みます。

第6章では中国の経済について見ます。中国工業化の過程、現代の中国を牽引する主要な企業などについて述べます。注目すべきは、製造業だけでなく、高度なサービス産業が発展していることです。とくに先端的な情報分野における躍進には、大学での研究教育を含めて、目をみはるものがあります。この章では、中国の発展が今後も続くかどうかについても検討します。賃金上昇や政治体制などが問題となりえます。

第7章ではアジア経済について見ます。１９７０年代からアジアＮＩＥＳと呼ばれる諸国が急速に工業化したことを述べます。ＡＳＥＡＮ諸国はさまざまな国から成り立っていますが、今後の発展が期待されます。

第8章ではヨーロッパを取り上げます。ＥＵとユーロについてその構造を説明し、さまざまな問題点があることを指摘します。ＥＵについては、巨大な官僚組織がもたらす弊害などを指摘し、イギリスのＥＵ離脱が合理的なものであるのか否かを論じます。ユーロについては、国際収支の不均衡を調整する仕組みに原理的な問題があることを指摘します。また、イギリスとドイツが対照的な発展をしていることなどを述べます。

本書の刊行に当たっては、講談社第一事業局学芸部の高月順一氏、小林雅宏氏にお世話になりました。ここに御礼申し上げます。

２０１８年７月　野口悠紀雄

目次

第2章　貿易などを通じる国と国とのつながり

第3章　自由貿易はなぜ望ましいのか？ —— 69

第6章　中国経済はどこまで成長するか　157

第1章　世界の中の日本

1　GDPで世界を捉える

世界経済の構造を定量的に理解することが大切

われわれ日本人の日常生活は、多くの場合国内のみで行なわれています。このため、世界の構造が大きく変わり、その中での日本の地位が変わっても、それに気づくことがなかなかできません。

このことは、下降するエレベーターの中にいる人にたとえることができます。外界を基準にすればその人は下降しているのですが、エレベーターの中からは外が見えないので、それに気づきません。日本人も、海外旅行をしたり海外で暮らしたりすれば、世界が変わっていることに気づくはずですが、多くの人は国内の生活を続けているので、それに気づきません。

しかし、身近な状況だけを見ていては、日本経済について正しく判断することができません。日本経済のゆくえを正しい方向に向けて運営するには、世界経済の構造を定量的に理解して、その中での日本経済の地位を客観的に見定めることが大切です。

そこで、この章では、世界経済全体の動向を概観し、その中で日本の位置がどうなっているかを確かめることにしましょう。

この際に重要な尺度となるのが、GDP（国内総生産）です。GDPとは、一定期間における国内で生産された経済的な価値の合計のことです（注）。

IMF（国際通貨基金）のデータによって全世界のGDPを見ると、1980年には11・1兆ドルであったものが、90年には23・4兆ドルとなり、2000年には33・8兆ドルとなりました。2016年では75・4兆ドルです。この36年間に6・8倍に増加したことになります。年平均増加率は、5・5％になります。このように、世界経済は順調に成長しています。なお、日本のGDPについても本節で説明します。

（注）詳しい説明は、拙著『日本経済入門』（講談社現代新書、2017年）を参照してください。

GDPで見た世界地図は、固定観念を打ち破る

「GDPを用いて考える」というのは、経済分析を行なう際には、ごく当然のことです。

しかし、われわれは日常、必ずしもこうした客観的データを用いません。われわれの感覚はさまざまな情報によって形づくられているため、客観的データとはかなり食い違う形

で通念が形成されている場合が多いのです。世界経済を見る際に、とくにそのことが言えます。

われわれは、地図を見るときに、無意識のうちに国土の広さを見ています。そして、国土面積が広い国は大国であると考えています。

しかし、国土が広くても、使えない土地が多ければ無意味です。使える土地にどれだけの人間が住み、どのような経済活動を行なっているかが重要なのです。

図表1―1は、国土面積がGDPに比例するように描いた世界地図です。つまり、「GDPというメガネ」を通して見た世界です。これで見る世界は、われわれが普段眺めている地図とは大きく違います。

普段見る地図では小さい日本列島は、この地図では、かなりの大きさになります。

アメリカが大きいことも、改めて確認できます。アメリカは、最大の経済大国で、GDPは日本の約4・1倍あります。アメリカは、国土が広く人口が多いだけでなく、GDPも大きいのです。

また、いまや中国が世界の経済大国になっていることも分かります。そのGDPは、2017年には日本の約2・5倍であり、アメリカの6割程度の大きさにまでなっています。

ＥＵの中でドイツ、フランスの存在感が大きいことも分かります。この2国だけで、ＥＵ全体のＧＤＰの3分の1以上の比重を占めます。

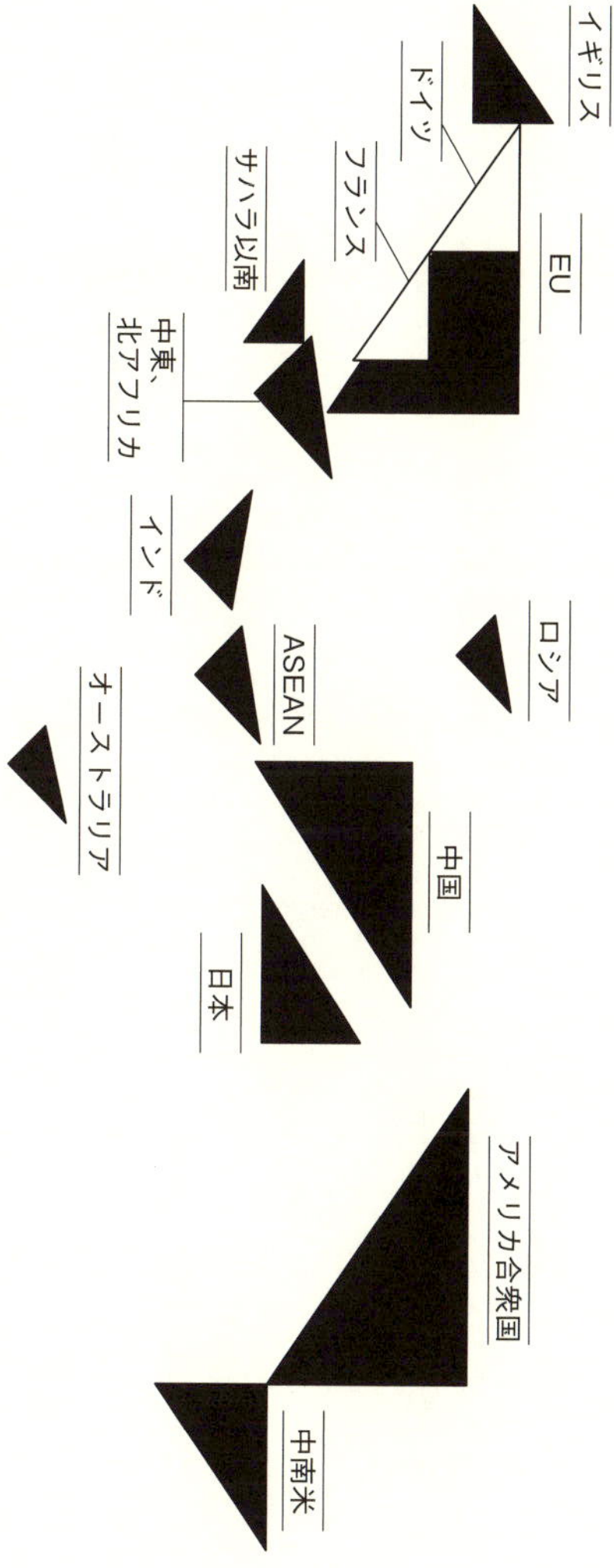

（注）1. 三角形の面積がGDPに比例するように描いてある。
2. IMFのデータを用いて作成。

図表1-1　GDPで見た世界（2015年）

この地図を初めて見る人は、「歪んでいる」と言うでしょう。確かに、われわれが普段見ている地図に比べれば「歪んで」います。しかし、この地図こそが世界の状況を正しく示すのであり、普通の地図のほうが歪んでいるのかもしれません。

日本はロシアより大きい

国土が広くても、GDPが大きくなければ、この地図では大きく表示されません。人口が13億人を超えるインドが、その典型例です。

ロシアもそうです。ここで示した地図では、ロシアはそれほど大きくありません。よく注意しないと見落としそうです。

ロシアは、日本の北に大きく広がっています。メルカトル図法の世界地図では北が上になり、しかも、赤道から離れるほど実際の面積比より大きく表示されるので、強い圧迫感があります。日本人は、昔から抜きがたい対ロシア恐怖感を持っています。

しかし、GDPでは日本の約3分の1でしかないのです。

冷戦中、ソ連は世界の半分を支配する超巨大国に思えました。人々がそうした印象を持ったのは、ソ連の軍事力が強大だったからです。計画経済下では、経済力を軍事部門に集中させることが容易にできるのです。しかし、その経済的な実力は、図表1－1に的確に

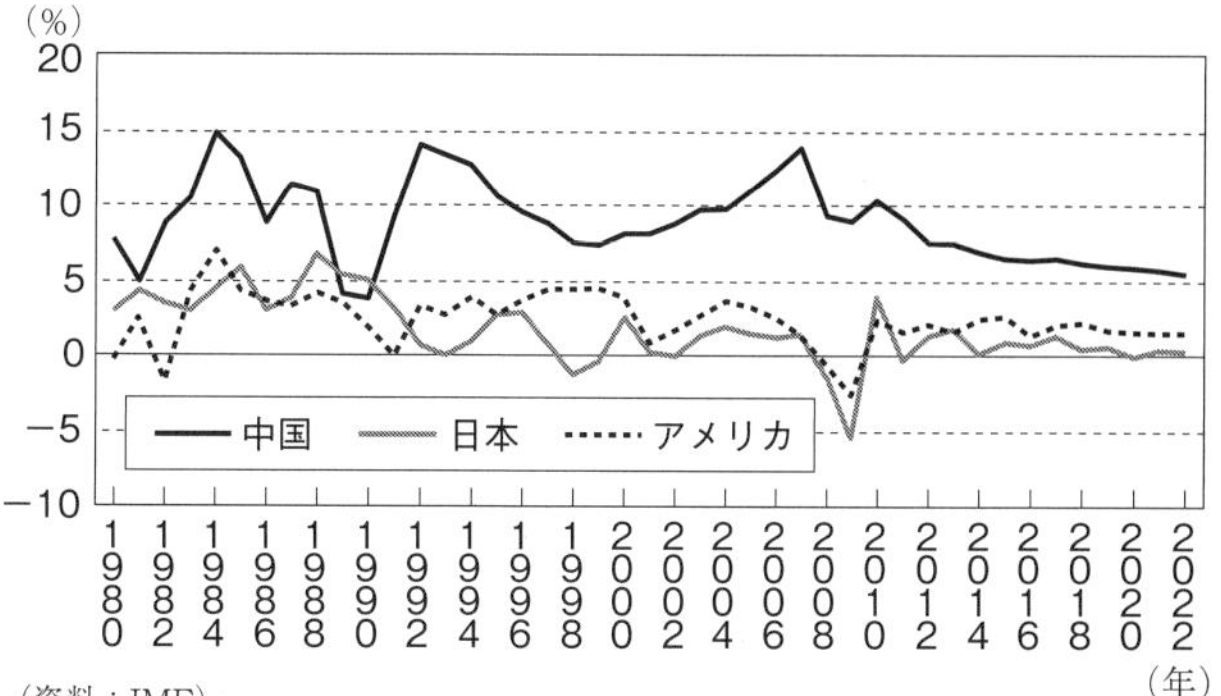

（資料：IMF）

図表1-2　日米中の実質GDP成長率

表されています。

しかも、冷戦時代には中国の経済力はいまよりずっと小さかったので、共産圏は、経済的に見れば、「取るに足らない」存在だったのです。

日本の相対的ウエイトは、大きく低下した

もちろん、この地図での日本の大きさに慢心してはなりません。なぜなら、以前と比べて日本の相対的なウエイトは低下したからです。

これは、国ごとに見た経済成長率にかなりの差があるためです。

図表1―2に示すように、中国の実質GDPの成長率は、1980年から2010年頃までの期間を通じて10％程度だったのに対して、日本とアメリカの実質GDP成長率は、80年代には5％程度でしたが、90年代以降は5％未満に低下しました。その後

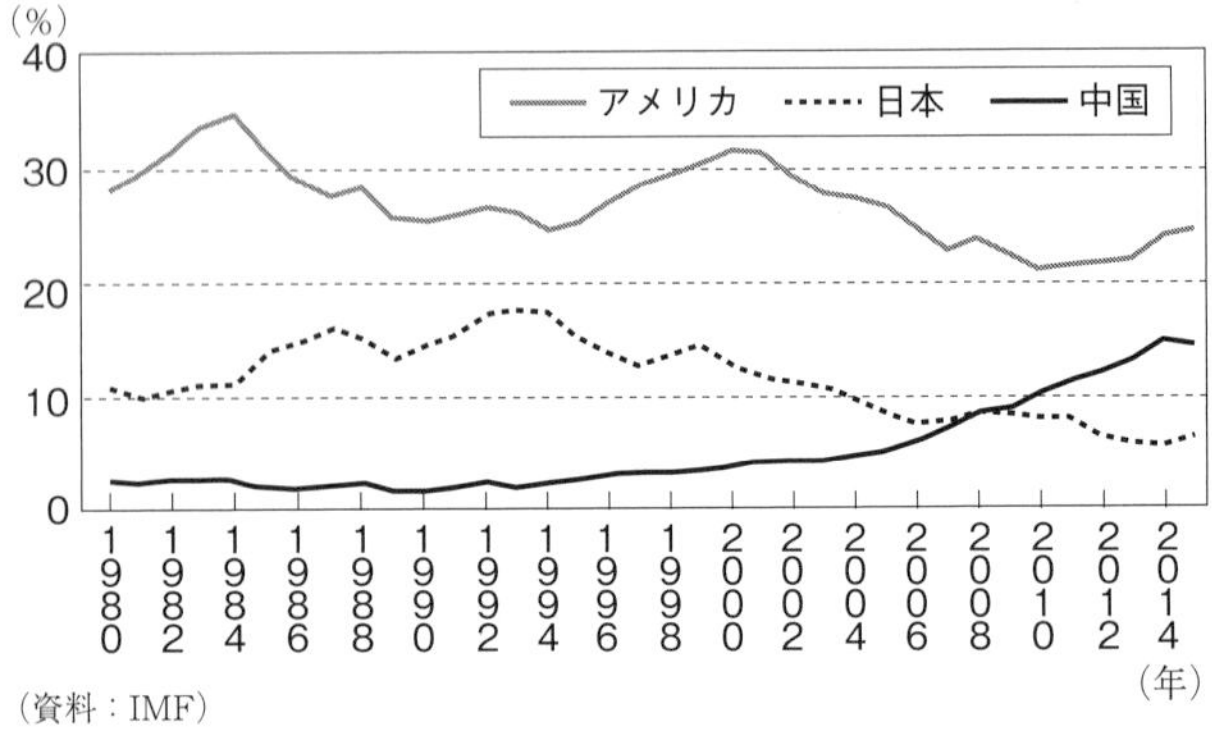

（資料：IMF）

図表1-3　世界のGDPに対する日米中GDPの比率

も、中国は高い成長率を示しています（なお、図表1―2において、2018年以降は、IMFによる予測値です。以下、将来時点までデータがある図表について同様）。

この結果、世界のGDPに対する比率も、図表1―3に示すように、かなり大きく変わりました。

日本の名目GDPの世界名目GDPに対する比率は、80年代初めの10％程度から90年代の中頃に17％台にまで上昇したのですが、それ以降は傾向的に下落し、16年には6・6％になっています。

それに対して、中国の比重は、90年代の半ばまでは2％台あるいはそれ以下だったのですが、その後上昇し、2010年に9・2％となって、日本の8・6％より高くなりました。そして、16年には14・9％になっています。

日本より豊かな国も多数ある

以上では、GDPそのものを見てきました。しかし、GDPが大きければよいわけでは必ずしもありません。なぜなら、人口が多ければGDPは大きくなるからです。

重要なのは、豊かさです。中国の一人当たりGDPは、日本の13%しかありません。インドはわずか3・2%、バングラデシュは1・7%です。

その半面で、小さくて豊かな国や地域もあります。アジアでは、シンガポール、香港、ブルネイなどがそれに当たります。ヨーロッパでは、ルクセンブルク、アイルランド、北欧諸国、スイスなどがそれです。2017年における一人当たりGDPは、日本が3万8439ドルであるのに対して、スイス8万0590ドル、ルクセンブルク10万5803ドル、アイルランド7万0638ドルなどとなっています。

ヨーロッパの最貧国であったアイルランドが豊かな国になったことは、日本ではあまり知られていません。16年において、同国の一人当たりGDPは、日本の1・7倍です。かつてアイルランドを支配したイギリスより高くなっています。

豊かさの点でも、日本が停滞し、中国が成長する

GDPで見た日本の相対的な地位が低下していると述べました。実は、豊かさの面でも、日本が停滞していることが見られます。

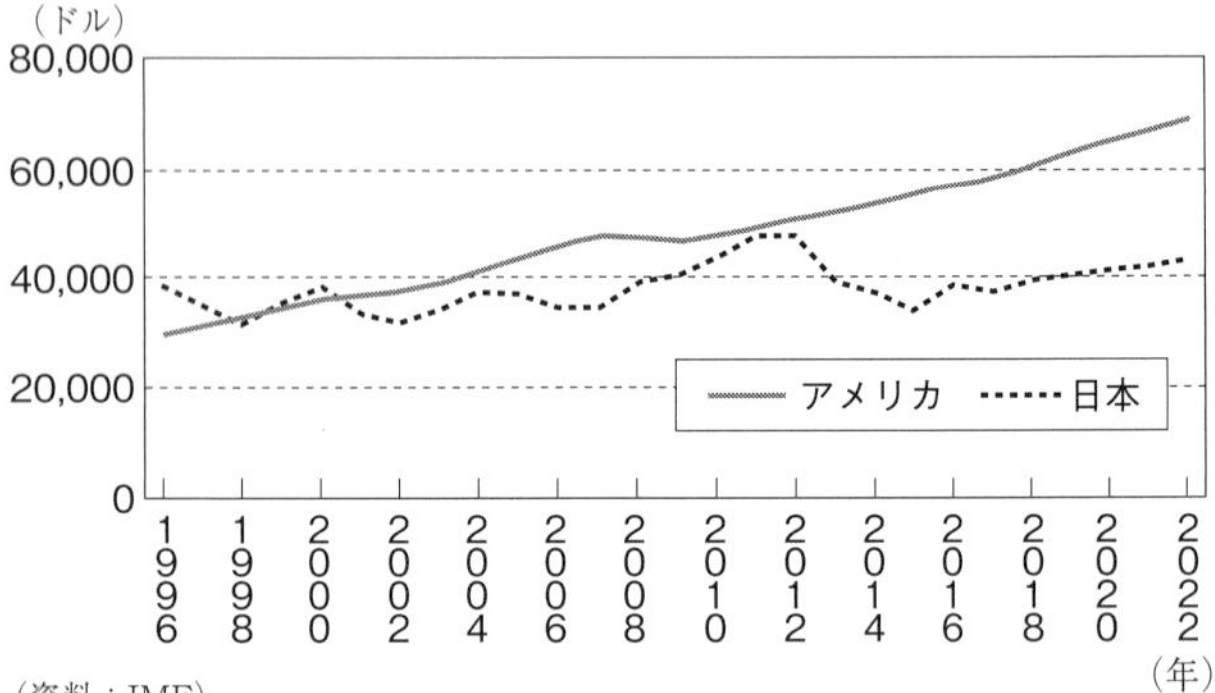

（資料：IMF）

図表1-4　一人当たりGDPの変化（日本とアメリカ）

90年代には、日本の一人当たりGDPは、主要国中でトップでした。アメリカの約1・3倍だったのです。しかし、その後アメリカに逆転され、2016年ではアメリカが日本の約1・5倍になっています（図表1―4）。

中国の一人当たりGDPは着実に上昇し、1990年代半ばには日本のおよそ80分の1だったのが、2010年にはおよそ10分の1にまでなっています。IMFの予測によれば、20年ごろの中国の一人当たりGDPは日本の約4分の1になります（図表1―5）。かつてアメリカより豊かだった日本経済は、今や中国に肉薄されているのです。

世界は大きく変わったのです。

ところで、言うまでもないことですが、国の実力はGDPだけでは測れません。経済力を考えるにしても、GDPだけでは判断できないかもしれませ

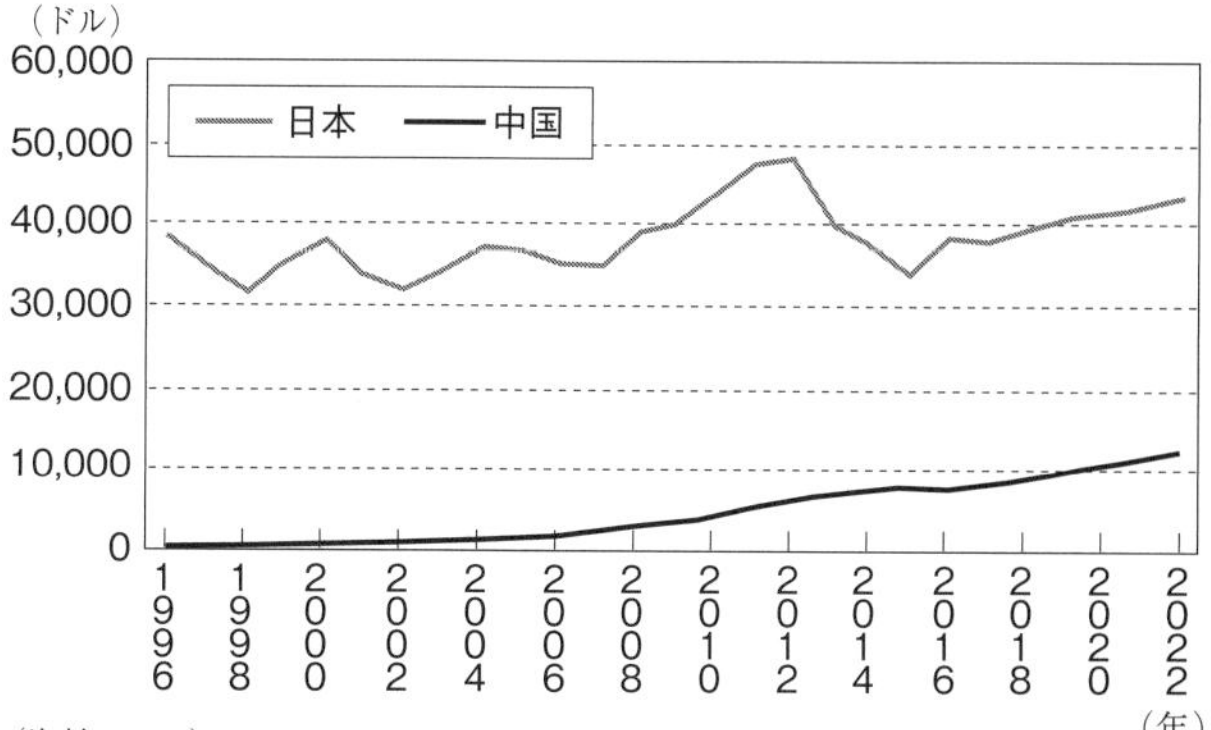

(資料：IMF)

図表1-5　一人当たりGDPの変化（日本と中国）

ん。これについて、本章の2、3で考えることとします。

2　貿易や対外資産で各国を比較する

貿易額では日本は世界の4%程度

世界経済を見る際に、GDPと並んで重要なのは、貿易額です。では、これによって各国を比較するとどうでしょうか？

図表1―6は、2015年における輸出額と輸入額につき、世界全体に占める各国のシェアを示しています。

アメリカは輸出で9・2%、輸入で14・1%のシェアです。中国は、輸出で14・0%、輸入で10・3%です。輸出でも輸入でも、この両国で全世界のほぼ4分の1を占めています。GDPにお

国	世界貿易中のシェア（%）	
	輸出	輸入
日本	3.8	4.0
韓国	3.2	2.7
中国	14.0	10.3
アメリカ	9.2	14.1
イギリス	2.9	4.0
イタリア	2.8	2.5
ドイツ	8.1	6.4
フランス	3.0	3.4
その他	52.8	52.6

（資料：総務省、『世界の統計 2017』）

図表1-6　世界に占める輸出、輸入額の比率（2015年）

いては、アメリカと中国の比重の計は15年で約40%になります。それに比べると、貿易額における比重の合計は少なくなっています。こうなるのは、一般的にGDPが大きいほどGDPに対する貿易額の比率が低くなるためです。アメリカや中国はGDPが大きいために、このような結果になります。

　日本の比重は、輸出で3・8%、輸入で4・0%です。GDPにおける比重は5・9%ですから、日本の場合も、貿易額での比重はGDPでの比重より小さくなっています。

中国のシェア増大で日本のシェアが低下した

「日本の輸出シェアが世界の30分の1程度であり、韓国とあまり変わらない」というのは、多くの日本人にとって意外なことでしょう。

「日本は貿易大国であり、シェアはもっと大きいはずだ」と思っている人が多いのでは

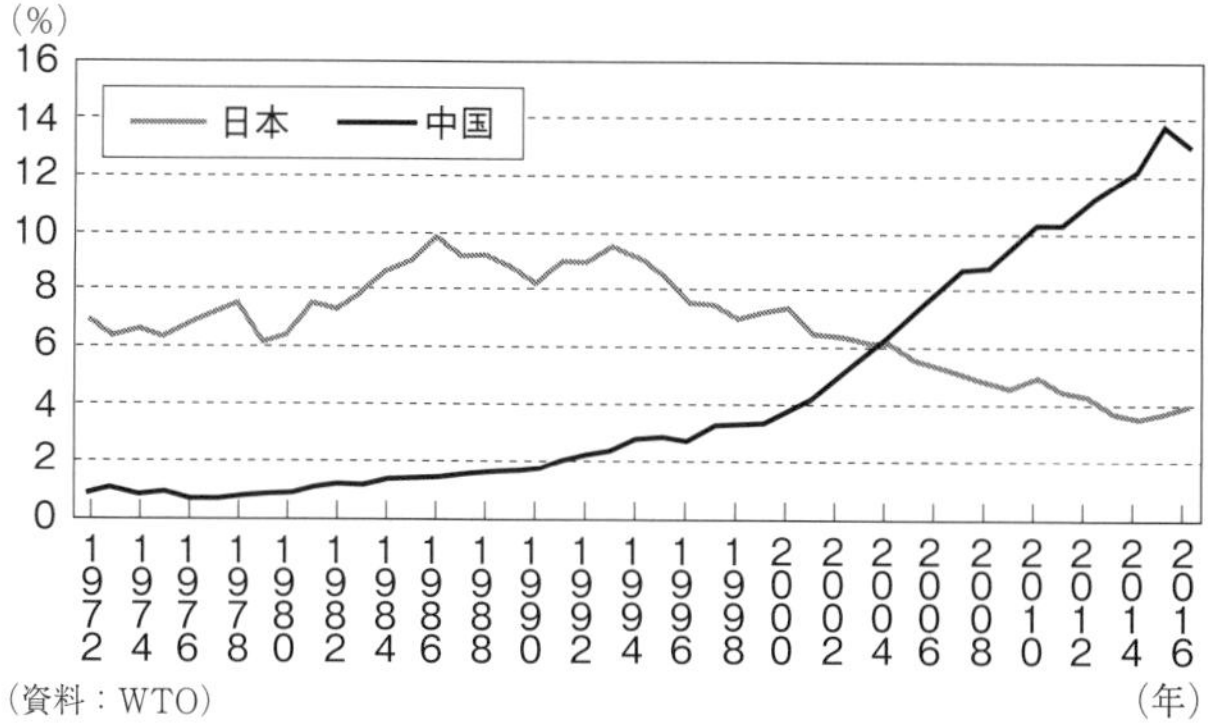

(資料：WTO)

図表1-7　世界の輸出に占める日本と中国のシェア

ないでしょうか？

そのように考えられるのも、もっともなことです。なぜなら、日本の貿易シェアは、かつてはもっと大きかったからです。

世界の輸出に占める日本のシェアは、図表1―7に示すとおりです（図表1―6とは出典が違うので、数字に若干の差が見られます）。

1970年代から6％を超えており、80年代後半から90年代前半にかけては、多くの年において9％を超えていました。つまり、世界の輸出市場で1割近いシェアを占めていたわけであり、「貿易大国」と考えられていたのです。

ところが90年代の後半から、シェアは傾向的に低下しました。

こうなったのは、中国のシェアが増大したためです。世界の輸出に占める中国のシェアは、80年代までは、1％台ないしはそれ未満でした。ところが90年代になってからシェアは傾向的に上昇し、とくに21世紀になってからは急激に上昇しました。これは、中国が工業化に成功したためです。

対外純資産で見ると、日本は世界一

以上で見た、GDP、一人当たりGDP、貿易額などは、一定期間の間に生み出される経済的価値、あるいは取り引きされる額です。このようなものを経済学では「フロー」と呼んでいます。これに対して、蓄積された経済価値を「ストック」と言います。

国が持っているストックを比較するための一つの指標は、対外資産と対外負債です。日本の対外資産とは、日本の政府、企業、個人が外国で保有している資産のことです。また日本の対外負債とは、外国の政府、企業、個人が日本で保有している資産のことを言います。

2016年末の日本の対外純資産（対外資産と対外負債の差額）は、約349兆円でした。これは、断然世界一です。そして、2位の中国（約210兆円）や3位のドイツ（約210兆円）を大きく引き離しています。いま初めて世界一になったのでなく、1991年以降、連続で世界一を続けています。アメリカなどの対外純資産がマイナスであることと比べると、雲泥の差です（図表1―8）。

これまで見たように、フローの面では、日本経済の成績ははかばかしくありません。しかし、過去の貿易黒字を蓄積した対外資産では、このように豊かなのです。

過去の貿易黒字が大きかったのは、日本の製造業が昔は強かったからです。しかし、中国など新興国の工業化によって、日本の地位はその後大きく低下しました。なお、日本の農業はほとんど国際競争力がなく、高い関税障壁によって国内の農業を保護しているというのが実態です。

日本	349兆1,120億円
中国	210兆3,027億円
ドイツ	209兆9,234億円
香港	137兆9,031億円
スイス	98兆318億円
イギリス	67兆2,470億円
ロシア	26兆5,082億円
カナダ	16兆3,802億円
イタリア	▲27兆6,613億円
フランス	▲43兆2,335億円
アメリカ	▲947兆2,074億円

（資料：財務省）

図表1-8　各国・地域の対外純資産（2016年）

3　技術革新力で各国を比較する

世界ランキングで日本は低い

将来にわたって経済を成長させるには、新しい技術を発展させてゆくことが必要です。では、日本は、技術開発に対応しているでしょうか？

技術革新力について各国を評価するラン

キングがいくつか作成されています。以下では、それらのうち、しばしば引用されるものを見ることにしましょう。

スイスのビジネススクールＩＭＤの世界競争力センターは、国・地域ごとの競争力を示した「世界競争力ランキング（World Competitiveness Ranking）」を発表しています。その２０１７年版を見ると、つぎのとおりです。

首位と2位は、16年と同じく、香港とスイスでした。3位は前年4位のシンガポールで、アメリカはシンガポールと入れ替わり、3位から4位に下がりました。16年に8位だったオランダが5位となりました。

日本は、16年と同様、26位に留まっています。このランキングが初めて作られた89年には首位でしたので、大幅な低下と考えざるをえません。

中国は、16年には25位でしたが、18位になりました。

17年度からは、ＩＴ分野に焦点を当てた競争力を測る「World Digital Competitiveness Ranking」も発表しています。1、2、3位は、シンガポール、スウェーデン、アメリカです。日本は27位です。

世界経済フォーラム（ＷＥＦ）は、毎年、各国の国際競争力ランキングである「世界競争力レポート（The Global Competitiveness Report）」を発表しています。

17年の9月に発表された17―18年の結果は、つぎのとおりです。首位は、9年連続でスイス。また、アメリカがシンガポールを抜いて2位となりました。

日本は、8位から9位に順位を下げました。日本の順位は、近年じわじわと下がっています。なお、中国は27位でした。

世界知的所有権機関（WIPO）は、世界130ヵ国・地域の技術革新力を比較したランキング「グローバル・イノベーション・インデックス（The Global Innovation Index）」を発表しています。

17年6月に発表された17年のランキングでは、1、2、3位は、スイス、スウェーデン、オランダでした。ドイツは9位、日本は14位、中国は22位です。

フィンテックへの投資で大きく見劣る

情報関連をさらに絞って、フィンテック（情報技術の金融への応用）への投資を見るとどうでしょうか？

コンサルティング会社のアクセンチュアが、世界のフィンテックベンチャーなどへの投資額を集計したレポートを発表しています。

２０１５年のフィンテック投資は、世界全体では前年比75％増の２２３億ドルでした。これは、14年の約2倍です。日本では、20％増の６５００万ドルでした。

しかし、これは、首位のアメリカ１２２億ドルの０・５％でしかなく、イギリスの９・７億ドルと比較しても、１割未満です。アジア域内でも中国の30分の1、インドの25分の1でしかありません。

また、伸び率で見ても、中国が４５５％、インドが１１１５％、オーストラリアが１２００％であるのと比較して、日本の伸び率は20％です。

日本がフィンテックで著しく遅れていることは、他のレポートでも確かめられます。

フィンテックベンチャー投資企業のＨ２ベンチャーズおよび国際会計事務所大手のＫＰＭＧが世界のフィンテック企業を分析したFintech 100を発表しています。

その２０１５年版（15年12月）によると、第1位は中国の保険会社、衆安（ジョンアン）でした。同社はネット専業の会社で、阿里巴巴（アリババ）、騰訊（テンセント）などとのジョイントベンチャーで、ビッグデータを用いた新しい保険を提供します。そして、上位50社に中国企業が7社も入っています。これは、イギリスの6社よりも多い数字です。中国企業は、前年は1社だけだったので、中国フィンテック企業の躍進ぶりが目立ちます。

以上で見たように、技術開発力において、日本の成績はあまり芳しくありません。本章の2で見た対外純資産が世界一であることは、過去において日本の経済パフォーマンスが製造業を中心として良好であったことを示すものです。経済を成長させるためには、人口（労働力）が増えるか、資本の蓄積が進むか、あるいは技術が進歩することが必要です。その中で最も重要なのは、技術進歩です。したがって、将来に向かって重要なのは本節で見たような技術開発力です。それがこのような状況になっていることの意味を、われわれは重く受け止めなければなりません。

第2章　貿易などを通じる国と国とのつながり

1　世界貿易の構造はどうなっているか

中国からの輸入が最大のシェアを占める

世界の各国は、さまざまな形で世界経済とつながっています。一国の外国との取引を見る上で重要なのが「貿易収支」と「経常収支」です。「貿易収支」とは、輸出と輸入の差額のことです。

また、「経常収支」は「貿易収支」「サービス収支」「所得収支」「経常移転収支」の4つで構成されます。「サービス収支」とは、輸送、旅行、金融サービス、知的財産権等使用料などについての収支であり、「所得収支」とは、海外投資からの利子、配当などの収支と、仕送りの収支です（図表2—1参照）。

まず、貿易があります。これは、財やサービスの取引です。

図表2—2は、WTOのデータベースを用いて計算した2016年の貿易マトリックスです（ここに示すのは、サービスを含まない財の貿易です）。

「輸出国」とある欄を下に読んでいくと、その国（あるいは地域：以下同様）がどこに輸出しているかが示されています。たとえば、日本はアメリカに1306億ドル、中国に

日本の国際収支（2017年、単位兆円）

	資金が流入	資金が流出	差
財	輸出（X） 77.3	輸入（M） 72.3	貿易収支 （△T＝X－M） 5.0
サービス	輸出（SX）	輸入（SM）	サービス収支 （△S＝SX－SM） －0.7
貿易・サービス			貿易・サービス収支 （△TS＝△T＋△S） 4.3
所得	海外からの所得 （II）	海外への投資 （IO）	所得収支 （△I＝II－IO） 17.7
経常			経常収支 （△C＝△TS＋△I） 22.0

（注）　現在公表されている国際収支表では、財の収支以外は、収支差額しか示されていない。

図表2-1　日本の国際収支表

（単位：100万ドル）

輸入国	輸出国				
	アメリカ	中国	日本	EU	全世界
アメリカ		383,963	130,586	445,925	2,251,351
中国	113,556		113,830	218,561	1,587,431
日本	62,121	127,988		72,803	606,927
EU	264,855	337,804	73,776	3,756,785	1,888,829
全世界	1,454,607	2,098,161	644,933	1,932,349	

（資料：WTOのデータにより作成）

図表2-2　2016年の貿易マトリックス

１１３８億ドル、全世界に６４４９億ドル輸出しています。

「輸入国」とある欄を右に読んでいくと、その国がどこから輸入しているかが示されています。例えば、アメリカは、中国から３８４０億ドル、日本から１３０６億ドル輸入し、全世界から２兆２５１４億ドル輸入しています。

日本でもＥＵでも、中国からの輸入が最大の比率を占めています。ＥＵを一体として見た場合には、アメリカから見れば、ＥＵが最大の輸入相手です。ただし、国別に見れば、アメリカの場合も、最大の輸入相手国は中国です。このように、中国は多くの国において、最大の輸入シェアを占めています。

アメリカはどこの国から見ても、最大の輸出相手国です。ただし、ＥＵの場合は、ＥＵ域内の貿易のほうが多くなっています。

（単位：100万ドル）

相手国	貿易黒字（赤字）国			
	アメリカ	中国	日本	EU
アメリカ		270,407	68,465	181,070
中国	−270,407		−14,158	−119,243
日本	−68,465	14,158		−973
EU	−181,070	119,243	973	
全世界	−796,744	510,730	38,006	43,520

（資料：WTOのデータにより作成）

図表2-3　相手国別の貿易収支

アメリカが最大の赤字国、中国が最大の黒字国

図表2―3は、図表2―2から計算した貿易黒字（赤字）を、相手国別に示したものです。この表は左下と右上が対称になっています。

たとえば、アメリカの貿易赤字の総額は、7967億ドルであり、対中国が2704億ドル、対日本が685億ドルなどであることがわかります。

アメリカが8000億ドル近くの巨額の貿易赤字を計上していること、中国が5000億ドルを超える巨額の貿易黒字を計上していることがわかります。

アメリカは、この表に示すどこの国に対しても赤字です。総赤字のうち33・9％が対中国です。そして22・7％が対EUです。このうち、対ドイツの赤字がかなりのウエイトを占めています。対日赤字は、かつては大きかったのですが、いまは8・6％でしかありません。

中国は、この表に示すどこの国に対しても黒字になっています。

このように、「アメリカは世界最大の貿易赤字国で、そのうち3分の1は対中。中国は世界最大の貿易黒字国で、そのうち半分以上が対米」という構造になっています。

日本は、中国に対しては赤字ですが、図表2―3に示すその他の国に対しては黒字です。

EUは、中国と日本に対しては赤字ですが、アメリカに対しては黒字です。

アメリカは巨額の経常収支赤字を続けている

図表2―4には、アメリカの貿易収支（財・サービス、および財のみ）と経常収支の推移を示します。

アメリカの貿易収支は、1970年代にはすでに赤字になっていました。

これを反映して、経常収支も82年に赤字に転じ、それ以来赤字を続けています。

それでも、93年までは年間1000億ドル未満でした。ところが、94年に1000億ドルを超え、98年には2000億ドルを超えました。その後赤字は急速に増大し、2005、06、07年には、年間7000億ドルを超える巨額の赤字を記録しました。06年には8000億ドルを超えました。

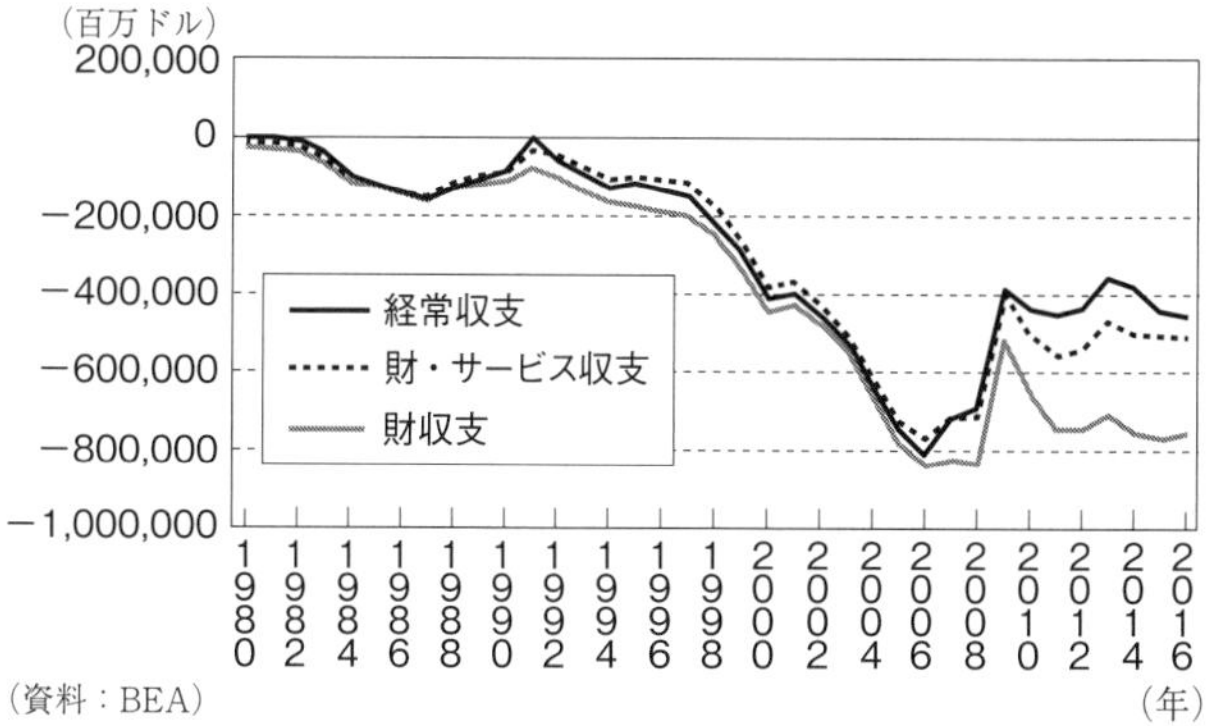

(資料：BEA)

図表2-4　アメリカの経常収支等の推移

ところが08年のリーマンショック以降、赤字幅が急速に縮小し、10年以降はおおむね4000億ドル台となっています。

なお、財・サービス収支も財収支も、10年頃までは経常収支とあまり違わぬ値でした。ところが、それ以降は、財収支の赤字が経常収支赤字よりかなり大きくなっています。

16年では、財収支の赤字が7525億ドルであるのに対して、経常収支の赤字は4517億ドルです。

アメリカの経常収支について、つぎの点を指摘できます。それは、「家計部門の過剰消費が経常収支赤字の原因になっている」ということです。つまり、アメリカは生産する以上に消費をしているのです。この構造は、アメリカの消費者から見れば、望ましいものと言えるでしょう。

図表1―8で見たように、アメリカの対外純資産はマイナスなのですが、これは、経常収支の赤字が続いてきたからです。つまり、アメリカは、外国から借金をすることで成長しているわけです。

アメリカがこのような構造を継続することができるかどうかについては、昔から議論がありました。継続できるという意見もありますし、金利が高騰したりドルが下落したりして、できなくなるという意見もあります。しかし、少なくとも現在までのところ、右に見たように順調な成長を続けていることが重要です。

なお、アメリカ経済については、第5章で再び説明することにします。

日本の貿易依存度はあまり高くない

GDPに対する輸出の比率を「輸出依存度」と呼ぶことにしましょう。日本については、この数字は、多くの人が考えているほど高くありません。2016年度において は、16・4%です（GDP統計における財貨・サービスの輸出の名目GDPに対する比率）。

これに対して、15年のアジア諸国の値は、韓国38・2%、中国21・0%、香港150・4%、シンガポール131・6%（2014年）などとなっています（総務省統計局、『世界の統計2017』による）。

日本の輸出依存度が低い大きな理由は、GDPの規模が大きいことです。一般に、GDPが小さいほど、輸出依存度は高くなる傾向があります。

「いまはそうでも、高度成長期にはもっと高かったのではないか？」と思う人がいるかもしれません。しかし、実際には逆です。1960年代前半の日本の輸出依存度は、10％を下回ることが多かったのです。日本は内需を中心に成長してきたのであり、外需に依存して成長した新興国の工業化過程とは異質の道を歩いてきたのです。

多くの人が日本の輸出依存度が高いと考えるのは、製造業をイメージするからでしょう。確かに、製造業の場合は、輸出依存度が高くなっています。自動車の場合、国内生産のうち、約半分が輸出されます。しかし、これはむしろ例外的な姿であり、製造業も含めて、日本産業は内需によって成長しました。

国際収支の全体像

国際収支には、以上で見た経常収支の他に、資本収支があります。

資本収支は、株式、債券、不動産などの資産の売買によって生じる収支のことです。

資本取引のうち、取引期間が1年を超えるものを「長期資本収支」、1年未満のものを「短期資本収支」と言います。投資の形態から言うと、国債や株式への「証券投資」と工場などへの「直接投資」などが区別されます。

外貨準備は、中央銀行と政府が保有する外貨であり、外貨預金、金《きん》、外国証券などから成ります。

従来は、「経常収支＋資本収支＋外貨準備増減＋誤差脱漏＝0」という関係がありましたが、2014年から形式が改訂され、従来の「投資収支」と「外貨準備増減」を統合して「金融収支」とし、「その他資本収支」を「資本移転収支」として、「経常収支＋資本移転等収支－金融収支＋誤差脱漏＝0」という形で示されることとなりました。

経常収支の赤字が直ちに問題ではない

仮に経常収支が赤字になったとしても、そのこと自体が問題となるわけではありません。

経常収支の赤字は外国からの借入などによってファイナンスされます。仮にそれが円滑に進まなければ、国内金利の高騰という問題が生じるでしょう。しかし、それが円滑に進めば問題は生じません。

実際、アメリカは巨額の経常収支赤字を続けていますが、国債金利高騰などの問題は起こっていません。しばしば、経常収支が赤字になると国債消化で問題が生じると言われますが、そんなことはないのです。

「アメリカが経常赤字を続けられるのは、ドルが基軸通貨であり、いくらでもドル紙幣を刷れるからだ」と言われることもあります。しかし、ドル・金の交換を停止して以来、ドルには実物資産の裏付けはありません。

したがって、際限なくドル紙幣を刷れば、価値が下落して、経常収支の赤字をファイナンスすることはできなくなります。海外からの資本を惹きつけているのは、アメリカの産業力です。それは、第5章で見るように、製造業ではなく、生産性の高い先進的なサービス産業です。

国際収支の発展段階説

「国際収支の発展段階説」と呼ばれる説があります。これは、「国際収支の構造は、経済発展に応じて変化する」という考えです。具体的には、つぎのとおりです。

①未成熟の債務国：産業が発達していないため、国内の需要を輸入で賄うので、貿易収支が赤字になる

②成熟した債務国：輸出産業の発達によって輸出が増加し、貿易収支が黒字化する。ただ

し、過去の債務によって、所得収支が赤字となっており、経常収支は赤字

③債務返済国：貿易収支黒字が拡大し、経常収支が黒字に転換する。これにより資本収支が流出超となるため、対外債務が減少する

④未成熟の債権国：対外資産から対外債務を差し引いたネットの対外資産が正となり（つまり債権国になる）、所得収支が黒字化する

⑤成熟した債権国：貿易収支が赤字に転換するが、対外債権からの収入によって所得収支の黒字が大きいため、経常収支は黒字を続ける

⑥債権取り崩し国：貿易収支の赤字が拡大し、経常収支が赤字になる。それを対外資産の取り崩しで埋める

日本については、この説が適用できます。

次の2で見るように、リーマンショック以前の日本では、貿易収支が黒字であったので、④の未成熟の債権国でした。しかし、貿易収支は、リーマンショックで赤字に転じました。

ところで、「一国の経常収支黒字は、貯蓄と投資の差額に等しい」という関係があります。その理由は、つぎのとおりです。

いま簡単化のために政府の支出は無視します。また、海外からの所得がゼロであるため、経常収支は貿易収支に等しいとします。一国の支出の総額は消費と投資と輸出ですが、事後的には、これは国内生産と輸入の和に等しくなります。つまり、国内生産＋輸入＝消費＋投資＋輸出。ところで、貯蓄＝所得－消費であり、国内生産は事後的には所得に等しくなるため、貯蓄－投資＝輸出－輸入＝経常黒字となります。

ところが、一般に人々は若年期に貯蓄をし、退職後にそれを取り崩します。したがって、人口構造が高齢化すると、経済全体の貯蓄率が下がることになります。このため、人口構造の高齢化によって、今後、経常黒字は縮小します。だから、長期的に見ても、日本が輸出立国を続けるのは不可能になるのです。したがって、日本は、経常収支の黒字の中身が、海外資産からの所得だけになった債権国、つまり⑤の成熟した債権国に移行しつつあります。

所得収支の重要性は、やっと認識されるようになってきました。しかし、対外資産の運用改善で所得収支の黒字を増やせるということは、認識されていません。これについては、次の2で再び論じます。

2　日本の貿易収支と経常収支の構造変化

貿易収支が黒字から赤字になったが、原油価格下落で黒字に

日本の貿易収支の長期的な推移を貿易統計で見ると、図表2―5のとおりです。1980年代の末から継続的に黒字を記録してきました。2007年までは、年間10兆円程度の黒字が続きました。

しかし、08年のリーマンショックで激減。08年には2兆円程度になりました。

そして2011年の東日本大震災で原子力発電が停止し、火力発電の燃料の輸入が増え、赤字がさらに増加しました。12年には、約7兆円の赤字となり、13年には赤字が10兆円を超えました。

その後、14年夏から原油価格が下落し、この結果、図表2―6に見るように、輸入額が激減しました。原油等の輸入額は、13、14年には14兆円程度であったものが、15年には8兆円程度となり、さらに16年には5・5兆円程度となりました。

このため、15年の貿易赤字は大幅に縮小し、3兆円を下回りました。そして、16年には、4兆円程度の黒字となりました。

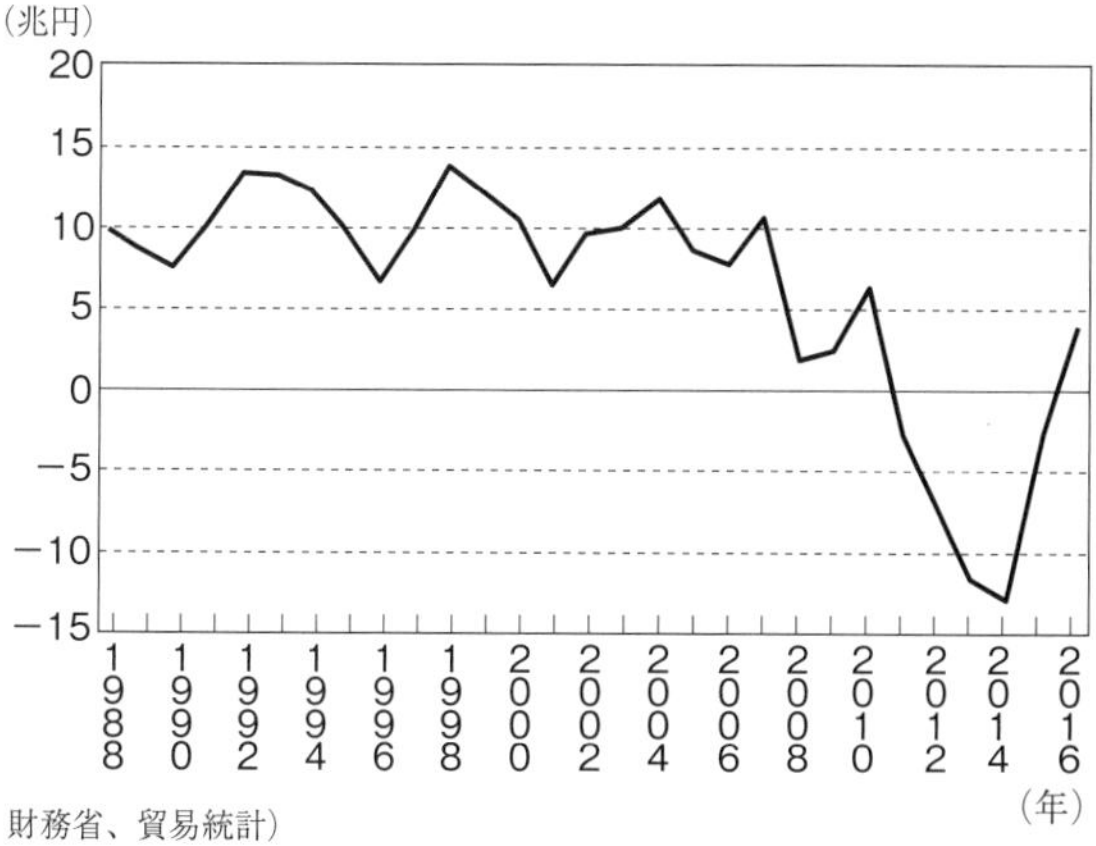

（資料：財務省、貿易統計）

図表2-5　日本の貿易収支（貿易統計ベース）

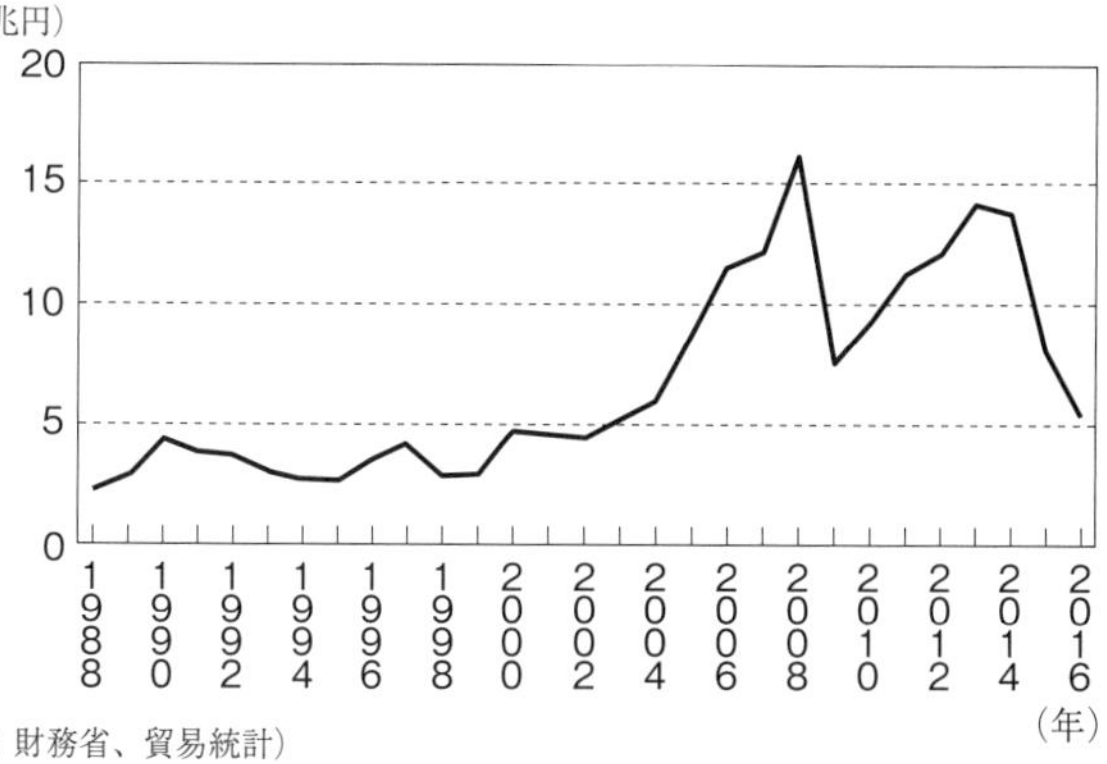

（資料：財務省、貿易統計）

図表2-6　原油輸入額（貿易統計ベース）

このように、原油価格の変動が貿易収支や日本経済に与える影響は、きわめて大きいのです。

（注）ここに示されているのは、財の輸出と輸入です。サービスの取引は含まれていません。これについては、図表2―7を参照。

所得収支は継続的に黒字

貿易黒字は、長期的に見れば減少しています。しかし、図表2―7に見るように、経常収支は黒字を続けています。

所得収支の黒字は、かつては貿易収支より小さかったのですが、２００５年に貿易黒字より大きくなり、その後も拡大を続けました。

貿易収支が縮小し、さらに赤字に転じた後も、所得収支は拡大し、16年には貿易収支の3・3倍にまでなりました。

このように、現在では、経常収支の黒字の大部分が所得収支の黒字です。これは、直接投資収益と証券投資収益に分けられます。

直接投資収益は、海外に工場を作るなどの直接投資を行なった投資資本から得られる所

（単位：億円）

	経常収支	貿易収支 e＝a－b	輸出 a	輸入 b	サービス収支 c	第一次所得収支 d
1996	74,943	90,346	430,153	339,807	−67,172	61,544
1997	115,700	123,709	488,801	365,091	−66,029	68,733
1998	149,981	160,782	482,899	322,117	−65,483	66,146
1999	129,734	141,370	452,547	311,176	−62,720	64,953
2000	140,616	126,983	489,635	362,652	−52,685	76,914
2001	104,524	88,469	460,367	371,898	−56,349	82,009
2002	136,837	121,211	489,029	367,817	−56,521	78,105
2003	161,254	124,631	513,292	388,660	−41,078	86,398
2004	196,941	144,235	577,036	432,801	−42,274	103,488
2005	187,277	117,712	630,094	512,382	−40,782	118,503
2006	203,307	110,701	720,268	609,567	−37,241	142,277
2007	249,490	141,873	800,236	658,364	−43,620	164,818
2008	148,786	58,031	776,111	718,081	−39,131	143,402
2009	135,925	53,876	511,216	457,340	−32,627	126,312
2010	193,828	95,160	643,914	548,754	−26,588	136,173
2011	104,013	−3,302	629,653	632,955	−27,799	146,210
2012	47,640	−42,719	619,568	662,287	−38,110	139,914
2013	44,566	−87,734	678,290	766,024	−34,786	176,978
2014	39,215	−104,653	740,747	845,400	−30,335	194,148
2015	165,194	−8,862	752,742	761,604	−19,307	213,032
2016	210,615	55,176	690,927	635,751	−11,288	188,183

（注）経常収支＝e＋c＋d＋（第二次所得収支）
（資料：財務省、国際収支状況）

図表2-7　貿易収支、所得収支、経常収支

得です。証券投資収益は、株式や債券による投資から得られる配当金や利子です。

近年では、製造業を中心とした日本企業の海外進出の拡大を背景に、直接投資収益が増加しています。

投資立国をめざせ

以上で見たように、日本は多額の対外純資産を保有しているのですが、その収益率は、必ずしも高くありません。しかし、対外資産の収益率をいまより高めることは不可能ではありません。

日本の対外資産は収益性が比較的高い直接投資よりも証券投資が多く、しかも安全ではあるけれども収益性が低い国債に対する投資が多いので、対外資産の収益率は必ずしも高くないからです。

２０１６年末の状況を見ると、対外資産総額９９７・８兆円のうち、直接投資が１５９・２兆円、証券投資が４５２・９兆円です（財務省、「平成28年末現在本邦対外資産負債残高」による）。つまり受動的な運用なのです。

受け取りで見ても、証券の比率が高くなっています。

対外直接投資の収益率は、最近は上昇しているものの、アメリカやイギリスに比べ低い水準です。日本にとって、対外資産の運用利回りを向上させることは、輸出を増大させるより重要な課題です。

生産活動が海外移転すれば、そこで生じる収益は、配当として日本に環流し、所得収支を増やします。経常収支が黒字であれば、対外純資産は増えます。したがって、今後も所得収支は増え続けることになります。今後の日本は、貿易立国ではなく、投資立国を目指すべきなのです。

3　製造業の海外移転や外資による買収は阻止すべきか？

電気機器の輸出入差額は長期的に顕著に縮小

図表2―5に戻り、日本の貿易収支を中期的に見ましょう。

リーマンショック前の黒字が年間10兆円程度であったものが、2016年には5兆円程度にまで縮小したのですから、黒字は5兆円程度縮小したことになります。

図表2―6を見ると原油輸入額は04年頃と同じなので、これは、原油以外の輸出入の変化によってもたらされていることになります。

では、原油以外で、長期的貿易黒字を減少させた原因は何でしょうか？

これを引き起こした原因は、製造業の構造変化です。

電気機器の輸出・輸入を1988年から15年の期間について示すと、図表2―8のとおりです。

輸出・輸入差は、90年代の始めには8兆円近くの黒字であり、90年代を通じてほぼ7兆円台でした。その後も、00年代中頃までは大幅な輸出超過になっています。

しかし、輸出は04―07年頃を除けば90年代半ばから停滞を始めました。04―08年は増え

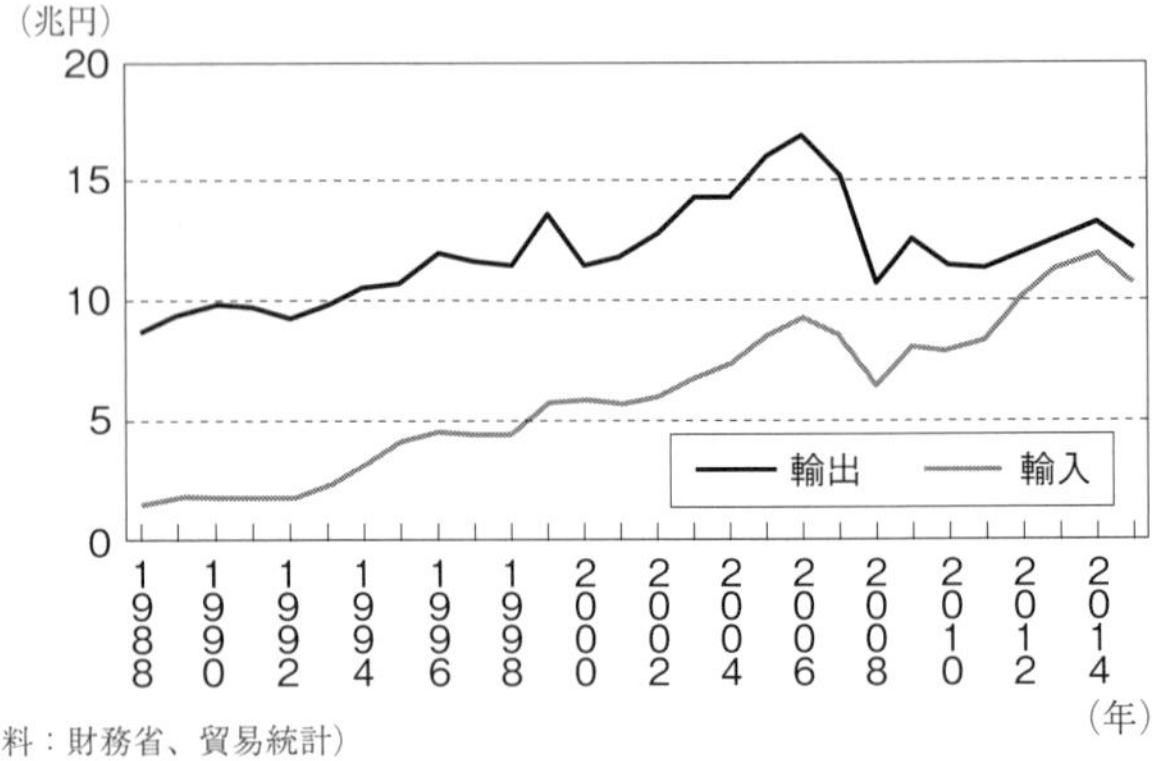

（資料：財務省、貿易統計）

図表2-8　電気機器の輸出と輸入

ていますが、これは、この期間だけの短期的現象であり、それを除けば、90年代の末から現在に至るまで、ほぼ一定値だと見ることができます。その半面で、輸入は80年代の末からほぼ継続的に増加し続けました。つまり、電気機器における輸出入差額の減少は、90年代から継続的に徐々に進んでいた長期的傾向であるといえます。

この結果、輸出超過額は、13年以降は2兆円を割り込むようになりました。16年では約1・5兆円にまで縮小しています。

結局、黒字が5兆円程度縮小したことになります。これは、先に述べた値とほぼ一致します。つまり、長期的な貿易黒字の減少は、電気機器の輸出入差額の減少だけでほぼ説明できることになります。

ここで注意すべきは、12年秋からの円安の進行にもかかわらず、輸入は増え続け、輸出入差額は14年までは、減少を続けていることです。教科書的に言えば、円安になれば輸出が増え輸入が減るので、輸出入差額は増加するはずです（なぜなら、円安になった時に円ベースでの輸出品の価格を一定に保てば、現地価格建ての価格は低下するので、競争力が向上し、輸出が増えます。輸入品については、現地価格建ての輸入品価格を一定とすれば、円ベースでの価格は上昇するので、輸入品の競争力が低下し、輸出が増えるはずです）。しかし、現実にはそうしたことが起きていないのです。

自動車の輸出も数量では増えていない

「電気機器の輸出は増えていなくとも、自動車の輸出が増えているではないか」と言われるかもしれません。

確かに、輸出額は、２０１０—12年ごろ7兆～8兆円程度だったものが、16年には10兆円になっています。

しかし、輸出数量をみると、図表2—9に示すように、00年代の中頃とほとんど変わらない水準なのです。つまり、ここ数年間の輸出金額増は、単に円安で金額が膨れただけのことです。

リーマンショックの直前に自動車の輸出数量が伸びたのは、アメリカの住宅価格バブル

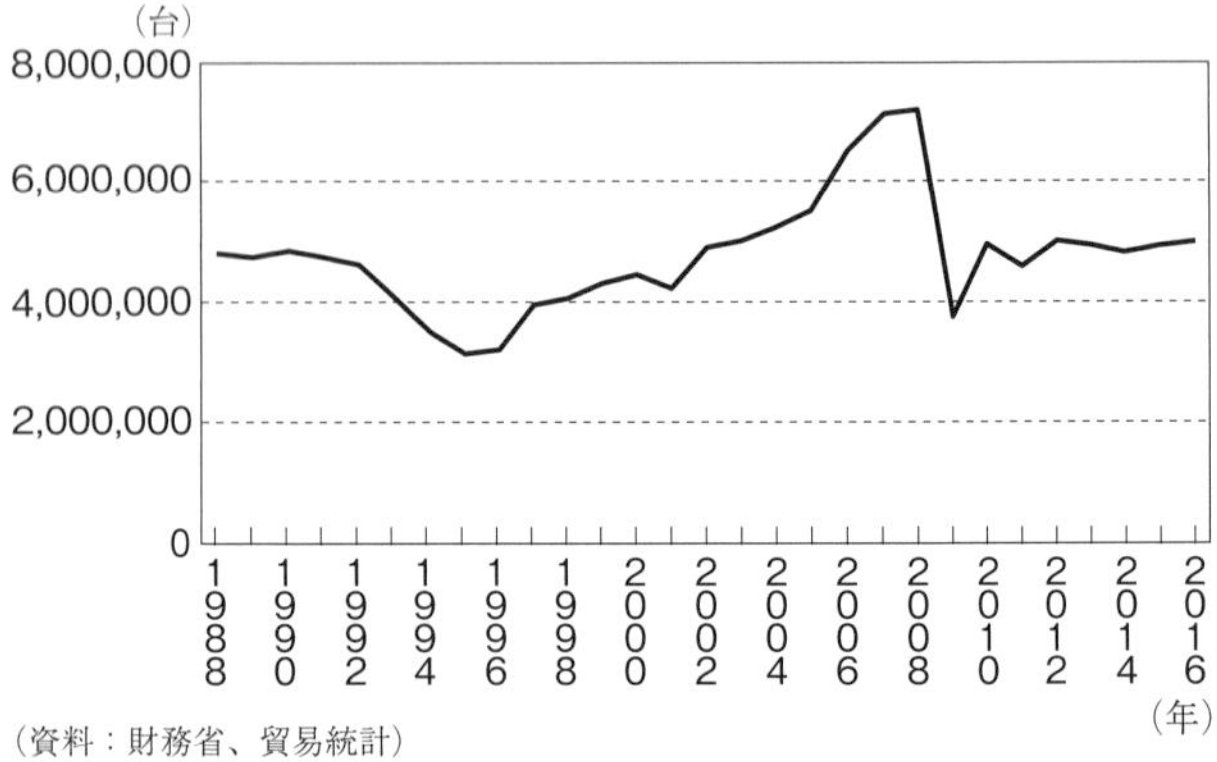

（資料：財務省、貿易統計）

図表2-9　自動車の輸出数量

によって、住宅ローンでバブル現象がおき、自動車購入が異常に増えたためです。この過程については、第5章で詳しく述べます。

生産の海外シフトは合理的な立地選択の結果

以上で述べたような変化が起きたのは、製造業の生産が海外にシフトしたためです。

しかし、日本では、生産拠点が海外に移ることは、望ましくないとされています。そして、工場の国内立地を促進することが、地域の雇用創出に繋がるとして望ましいこととされています。

しかし、生産拠点の海外移転は、企業の合理的な立地選択の結果です。

また、その形態も、国内工場の海外移転とは限りません。

電気機器の場合について言えば、海外のＥＭＳ

（電子機器受託製造サービス）に生産の一部を委託したり、OEM（顧客ブランドによる生産を受託する生産方式）メーカーから完成品を輸入している場合もあります。これは製造業の世界的な水平分業化の結果であり、合理的な生産計画の結果です（EMSやOEM水平分業については、第7章1を参照）。

２００４年から08年にかけての円安期には、工場の国内回帰が起こりました。その時に建設された大規模なテレビ工場が後の大赤字の原因になったのです。２０１２年秋以降にも円安が進行しましたが、この時には製造業の国内回帰は、さほど顕著には発生しませんでした。ただし、それまでの海外移転のスピードが鈍ったのは事実です。

海外生産比率の増加が貿易赤字拡大の原因の一つであることは間違いありませんが、それは抑制すべきものではないことに注意が必要です。

外国資本による支配を排斥する日本

外国資本による支配に対しても、日本は排斥的です。最近では案件そのものが減ってしまったためか、あまり話題になりませんが、２００８年頃には、空港施設への外資規制を国土交通省が検討したり、英投資ファンドによる電源開発（Ｊパワー）株の買い増し計画を中止するよう経済産業省と財務省が勧告したりしました。最近でも、シャープの救済で、産業革新機構が最後まで同社を外国資本から守ろうとしました。また、東芝の半導体子会社売却に関しても、似た動きがありました。

1990年代以降、日本でアメリカやイギリスにおけるような産業構造の転換が進んでいないのは、日本が、内向きの閉ざされた社会になったからです。企業も内部者だけで共同体を組織して生き延びようとします。海外からの経営の拒否は、日本が衰退した大きな原因の一つです。

海外企業による日本企業の買収を、外国に支配されることだとしてネガティブに捉えるのでなく、日本を活性化するための手がかりだとしてポジティブに捉えることが必要です。

外国の資本が日本に入ってくることは、従業員の立場からすれば、歓迎すべきことです。なぜなら、それは、経営に刺激を与え、企業を活性化すると期待されるからです。日産自動車は、99年に倒産寸前の状態に陥り、ルノーの資本提携を得て、危機を脱しました。また、経営危機に陥ったシャープも、16年に台湾企業である鴻海精密工業（ホンハイ）の傘下に入り、短期間で黒字化しました。

外国資本による買収は、外国によって支配されることではなく、新しい価値観が日本社会の中枢に入り込んでくることであると捉える必要があります。

日本企業は資本面で国際競争にさらされていません。対内直接投資額のGDPに対する比率を見ると、15年末において、日本は4・1%でしかなく、イギリスの51・1%、ドイツの33・4%、アメリカの31・1%などとは比較にならないほど低い数字です（UNCTAD、World Investment Report 2016による）。日本は、資本面で「鎖国している」としか言いようのない状態なのです。

このため、経営者が直接に競争にさらされることがありません。競争は経済パフォーマンスを向上させる最も基本的な手段です。日本では製品の競争はあっても、経営者や資本面の競争がないのです。

したがって、経営パフォーマンスを向上させるには、資本面で日本の企業を開かれた構造のものにし、経営者の競争を活発化させる必要があります。

イギリスやアイルランドに脱工業化をもたらしたのは、資本開国です。イギリスでは、ビッグバンと呼ばれた金融の自由化を進めた結果、シティは、アメリカやドイツの金融機関が活躍する場になりました。これは、テニスになぞらえて「ウィンブルドン現象」と呼ばれます。しかし、それはイギリスを衰退させたのではなく、雇用を創出し、イギリスを繁栄させたのです。

アイルランドも、外国企業の誘致によって新たな経済活動を切り開きました。

4　移民は阻止すべきか？

人口減少が著しいのに移民が少ない

日本は、移民そのものに対してきわめて抑制的な政策を続けています。日本は深刻な労働人口減少に直面するにもかかわらず、外国人労働者の受け入れが極端に少ないのです（なお、「移民」とは日本国籍を取得した人たちであり、「外国人労働者」とは、国籍を取得していない人たちです）。

２０１４年から19年までの人口増加率を見ると、日本はマイナス11・6％です。イタリアとドイツの減少率も6％を超えます。それに対して、イギリス、フランス、オーストラリア、アメリカでは、人口が増加すると予測されています。日本は、先進諸国の中で例外的と言えるほど深刻な人口減少に直面するのです。

ところが、ＯＥＣＤの International Migration Statistics によると、日本では、13年における移民は約5・7万人であり、人口の0・05％にしかなりません。これは、韓国の0・13％より低い数字です。

それに対して、アメリカでは約１００万人であり、人口の0・31％になります。ヨーロッパ諸国では、この比率は0・5%から1%程度です。スイスでは、1・71%にもなります。イギリスは0・46%、ドイツは0・58%です。

同じ資料によると、人口に占める外国人（ストック）の比率も、日本は低くなっています。14年で1・71%であり、韓国の1・96%より低い数字です。

これに対して、ヨーロッパ諸国は10%程度のところが多く、スイスは22・40%にもなります。イギリスは7・81%であり、アメリカは6・96%です。

人口減少が問題といいながら、外国からの労働力に門戸を閉ざすのでは、まったく矛盾しています。人材面で日本を開国することこそ重要です。

移民マトリックスに見る日本の閉鎖性

世界各国間の移民マトリックスを、世界銀行が作成しています。図表2―10に示すのは、そのうちの一部です（右に見た移民の数字は毎年の「フロー」ですが、ここに示されているのは、移民の「ストック」です）。

まず移民の受け入れ状態を見ると、2013年において日本は244万人に過ぎず、アメリカの4614万人の20分の1程度でしかありません。

ヨーロッパの主要国が750万人から1100万人程度であるのに比べても、大幅に少

（千人）

移民の出発国	移民（ストック）の受け入れ国					
	フランス	ドイツ	日本	イギリス	アメリカ	世界
中国	90	97	655	151	2,383	9,651
フランス		162	9	139	179	2,184
ドイツ	238		6	311	680	4,141
インド	48	61	22	756	2,060	13,885
日本	20	21		42	345	1,012
韓国	20	33	699	21	1,145	2,604
パキスタン	19	51	10	476	339	6,170
フィリピン	14	54	226	126	1,998	6,001
ロシア	47	991	8	46	438	10,910
ウクライナ	15	230	0	22	376	5,583
シリア	17	58	0	10	76	3,971
トルコ	262	1,490	0	82	106	3,110
イギリス	1	127	20		758	5,151
アメリカ	54	146	59	222		3,167
世界	7,456	11,110	2,437	7,838	46,136	247,245

（資料：世界銀行）

図表2-10　移民マトリックス

ない数字です。人口に対する比率で言えば、10分の１程度と言うことができるでしょう。

　イギリスのＥＵ離脱の理由が、中近東からの移民受け入れに消極的である国民感情にあると言われることがあります。確かに、ドイツがシリアやトルコから２００万人を超える移民を受け入れていることには及びません。それでも、１００万人に近い移民をこれらの国から受け入れていることに注意が必要です。イギリスの移民受け入れ態度に批判的な意見が日本でありました。しかし、これらの国からの移民は、日本ではゼロなのです。

　なお、ロシアやウクライナからドイツ

が受け入れた移民が100万人以上になっていることも注目されます。

日本が受け入れている移民は、中国、韓国、フィリピンなどアジア諸国が中心です。しかし、これらの国からの移民が向かう先としては、アメリカのほうがずっと多くなっています。

日本から移民として他国に行く日本人も、多くありません。イギリスと日本がきわめて対照的な姿を示していることが注目されます。人口が日本の約半分であるイギリスからの移民の総数は515万人であり、日本からの移民総数101万人の約5倍となっています。人口比で言えば、1割程度ということになります。

日本もイギリスも海に囲まれた国ですが、イギリスが世界に向かって開かれた「海洋国家」であるのに対して、日本は海によって外国から遮断された「島国」であると言わざるをえません。

第3章　自由貿易はなぜ望ましいのか？

1 「比較生産費の理論」とは何か?

絶対優位がある場合、交換すれば両方がトク

自由貿易は、世界経済のもっとも基本的な原理です。

なぜ自由貿易が望ましいのでしょうか?

自由貿易が望ましいのは、自給に比べて、「交換すれば両方がトクをする」からです。

以下では、このことを、簡単な例で示します。問題の本質を分かりやすく示すには、このような単純な例が役立ちます。

仮想例は、あなたの家と隣家です(図表3—1参照)。あなたの家では、家族全員が衣服の生産に専念すれば4着生産できるとします(図のA)。衣服の生産を1着減らして庭でミカンの栽培をすれば、10個作れるとします。したがって、ミカンの栽培に集中すれば40個作れることになります(図のB)。

隣の家では、衣服に専念すれば2着作れます(図のC)。衣服の生産を1着減らせばミカンを30個作れるとします。したがって、ミカンの栽培に集中すれば60個作れることになります(図のD)。

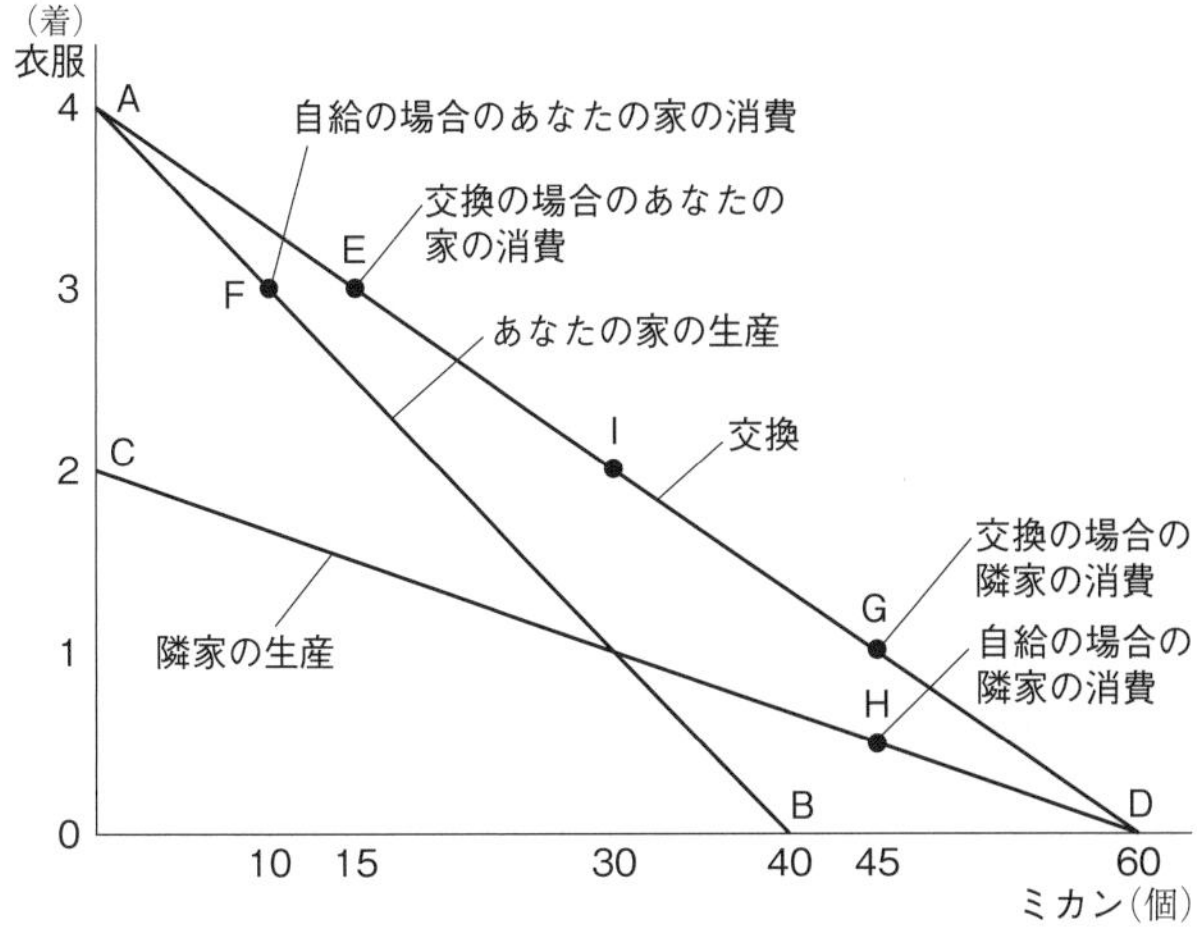

図表3-1　絶対優位の場合

そして、どちらの家も、衣服もミカンも両方必要であるとします。

この場合、あなたの家が衣服の生産に、隣家はミカンの生産にそれぞれ専念し、交換するのが合理的なのです。

たとえば、衣服1着とミカン15個を交換するとします。すると、あなたの家では衣服3着とミカン15個を消費できます（図のE）。衣服とミカンを自給する場合は、衣服3着でミカン10個（図のF）なのですから、自給より交換の方が望ましいことは明らかです。

この場合、隣家は、衣服1着とミカン45個を消費できます（図のG）。これは、自給する場合のHより望ましい状態です。

交換量はもっと増やすこともできま

す。両家にとって最も望ましいのは、多分、生産に特化したあと、2着の衣服と30個のミカンを交換することでしょう（図のI）。

この例では、あなたの家は衣服の生産が「得意」で、隣家はミカンの生産が「得意」なのです。こうした差が生じるのは、両家の庭の広さや日照の度合い、また家族の器用さなどによります。こうしたケースを、「どちらも、各財について絶対優位がある」と言います。ですから、自給より生産特化と交換が有利であることは、明らかです。

現実世界で言えば、国土が広く賃金も安いので農業生産に適した国と、国土が狭く賃金が高いけれども高い技術力を持つ工業国がその例です。こうした場合に、前者の国が農業に、後者の国が製造業に特化し、農産物と工業製品を貿易すれば、両国がともに豊かさを増すことができるのは、直観的に考えても明らかでしょう。

比較優位の場合も、交換すれば両方がトク

直感的に必ずしも明らかでないのは、図表3—2の場合です。この場合、あなたの家の生産条件は、図表3—1と同じであるとします（図のA′、B′）。

しかし、隣家の生産条件は、C′、D′のようであるとします。衣服の生産を1着減らせばミカンを30個作れるのは同じなのですが、衣服に専念した場合には1着しか作れず（図

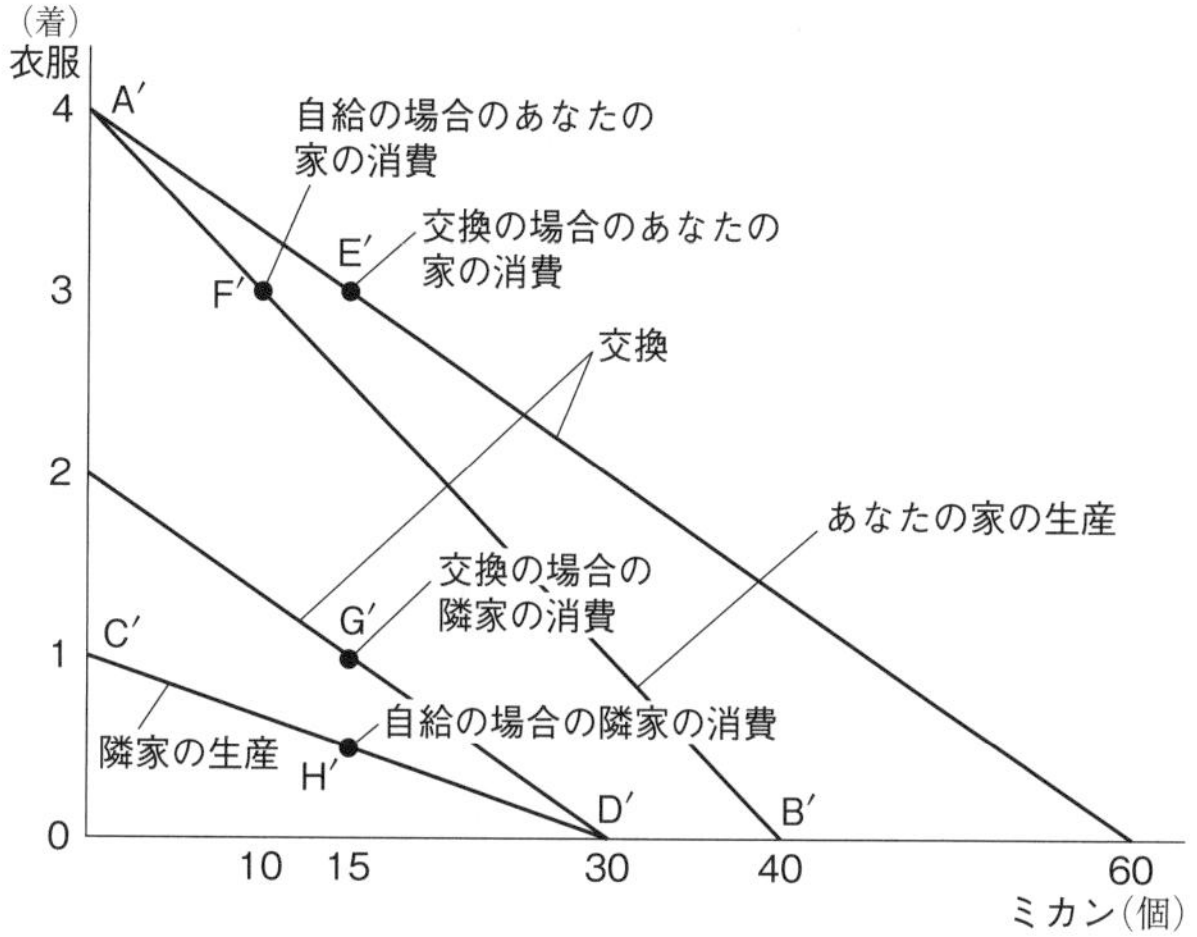

図表3-2　比較優位の場合

のC′)、したがって、ミカンに専念した場合には30個しか作れないのです(図のD′)。

この場合は、衣服の生産においても、ミカンの生産においても、あなたの家のほうが絶対的に優位なので、交換をしても利益は生ぜず、あなたの家は衣服とミカンの両方を自給したほうがよいように思えます。

しかし、この場合にも、生産特化と交換のほうが、両家にとって有利なのです。

たとえば、衣服の生産に特化したあと、衣服1着とミカン15個を交換するとしましょう。すると、あなたの家では衣服3着とミカン15個を消費できます(図のE′)。これは、自給の場合のF′より望ましい状態です。

隣家は、ミカンの生産において絶対優位

を有していません。しかし、比較優位を有しています。ですから、あなたは、それを利用すべきなのです。

この場合、隣家は、衣服1着とミカン15個を消費できます(図のG′)。これは、自給する場合のH′より望ましい状態です。

つまり、この場合にも「生産特化と交換」という方式を取ることによって、取引の双方が自給体制の場合より望ましい状態を実現できるのです。

実際の世界でいえば、国土が広く農業生産にも適しているが、同時に技術力も高く工業製品も効率的に作れる国と、そうでない国との貿易です。こうした場合に両国が貿易によって利益を得ることができるかは、直観的には明らかではありません。

無から有を生み出す魔法？

右に述べたことは、一見したところ「無から有を生み出す」魔法のように見えます。しかし、魔法ではありません。

図表3－2の場合にあなたの家が自給体制を取るとすると、ミカンを生産するために、衣服の生産を減らさなければなりません。その比率は、衣服1着に対してミカン10個です。

ところが、交換で衣服を手放す場合には、比率は衣服1着に対してミカン15個です。つまり、自給体制で衣服を減らすより、交換体制で衣服を手放すほうが有利なのです。だから、衣服生産に専念して、それを市場で手放してミカンを入手するほうが（生産において衣服を犠牲にするよりは）よいのです。

あなたに有利な交換比率は、図に示したものに限りません。直線A′B′とC′D′の傾きが異なる限り、その間のどの値をとっても、交換が有利になっています。

あなたは衣服の生産に「相対的な優位性」を持っているから、それを利用すべきなのです。隣家の立場から見れば、ミカンを手放すのに有利な比率だから、ミカンの生産に特化し、交換で衣服を入手するのがよいのです。

リカードの理論：絶対優位と比較優位

右に述べたのは、18～19世紀のイギリスの経済学者デイビッド・リカードが見出した「比較生産費の理論」を簡略化したものです。これは、自由貿易の基礎理論になっています。

リカードがこの理論を考えたのは、「穀物法」による小麦の輸入制限に反対するためでした。ナポレオン戦争の終結後、欧州大陸からの穀物輸入を再開すべきかどうかが、政治的な問題になりました。リカードは、「比較生産費の理論」を考え出して、輸入に頼るほうが望ましいことを証明したのです。

「イギリスは、葡萄酒を国内で生産せず、ポルトガルから輸入したほうがよい」という話は、経済学を勉強した人なら、一度は聞いたことがあるに違いありません。

ここで、リカードは、「イギリスでは葡萄酒は生産できないから輸入するしかない」とか、「ポルトガルの葡萄酒はイギリスの葡萄酒より安いから輸入するほうがよい」と言っているのではありません。こうなるのは、ポルトガルが葡萄酒の生産で絶対優位を持っている場合です。

もっと踏み込んで、「仮にイギリスでの葡萄酒の製造コストがポルトガルの製造コストより安いとしても、イギリスは葡萄酒を作るための資源を他に向けることで、もっと豊かになれる場合がある」と言っているのです。これが比較優位です。

戦争と平和

やや唐突と感じられるかもしれませんが、ここで「戦争」について考えましょう。

戦争とは何でしょうか？　ここで考えているモデルで「戦争」を記述すれば、あなたが隣家に侵入し、土地の一部を「我が家のものだ」と囲い込んでしまうことです。あるいは、隣家の主人を屈服させ、毎年の生産物の一部を供出させることです。いずれにしても、あなたは暴力に訴えてこれを実現しようとします。

これに成功すれば、あなたが豊かになるのは事実です。

では、この方法のどこが問題なのでしょうか？

まず、当然のことながら、敗者である隣家は貧しくなります。より重要な問題は、あなたの襲撃行為が失敗するかもしれないことです。隣家の反撃にあって、庭が破壊されてしまうかもしれません。そうなれば、消費量はかえって減少してしまうでしょう。

戦争は、経済問題の解決法として合理的なものではないのです。

比較優位の原則を現実に活かす必要

「比較優位の原則」は、外国との貿易に関して、直接の意味合いを持っています。

さまざまな国は、その国が相対的優位性を持つ産業に特化し、その生産物を輸出する。そして、その国の条件から見て相対的に不利な生産物は、他国から輸入する。こうした貿易を行なうことによって、生活水準が向上するのです。

もちろん、国際的な貿易では輸送費を無視できません。しかし、交易による利益はそれを遥かに上回る場合が多いのです。

「日本は原油などの天然資源に恵まれていないため、貿易を通じてこれらを輸入しないと経済活動ができない。だから貿易が必要」と言われます。

それは事実ですが、仮に原油が産出できても、比較優位を持たなければ、輸入したほうがよいのです。

第二次大戦後の日本は、戦争による領土拡張という方法に頼るのでなく、工業化を進めてきました。それは、比較優位の原則に合った方向でした。

このため、日本は現在のように高い生活水準を達成できるようになったのです。日本はこの意味で世界の優等生だったといえます。仮に、軍国主義を捨てられなかったら、日本人はいまだに低い生活水準にあえいでいたでしょう。

なお、比較優位は条件が変われば変化します。高度成長期の日本は製造業に比較優位を持っていたのですが、中国が工業化したいま、製造業における比較優位は失われています。したがって、新しい条件に合った新しい産業構造に転換しなければなりません。それにもかかわらず、高度成長期から続く製造業中心の産業構造に執着する考えが強いのです。

自由貿易で損害を受ける人に再分配を行なう必要

以上で述べたことは、国全体の利益に関することです。個別に見れば、貿易の自由化によって損害を受ける人が出てくることは否定できません。

冒頭で述べた例で言えば、家族内でも専門の分担が決まっていて、「ミカンの栽培の専門家」や「衣服生産の専門家」がそれぞれに手当をもらっているとしましょう。ミカンの専門家は、ミカンの生産が減らされることによって、手当が減ることになるでしょう。逆に、衣服の専門家の手当が増えます。

したがって、それを補正するために、衣服の専門家が、増えた手当の一部をミカン栽培の専門家に渡して、ミカン栽培専門家の手当が減らないようにすることが必要です。

比較生産費の理論が言っているのは、「そのような調整を行なっても、余りが出る」、つまり、「適切な再分配を行なえば、(生産が増える) 衣服専門家の手当だけでなく、(生産が減る) ミカン栽培の専門家の手当も増やすことができる」ということです。

現実の世界で言えば、「安い輸入品が入ってくることによって、競争ができなくなって駆逐されてしまう国内産業がある」ということです。

こうした問題に対処するために、国内で税や社会保障施策による再分配を行なうことが必要です。

実際には、輸入品に対して高い関税をかけたり、あるいは、直接的な輸入規制をするといったことが行なわれてきました。しかし、「そうするよりは、貿易を自由にして、その後に適切な再分配を行なうほうがよい」というのが、比較生産費の理論が提言するところです。

2　食料自給率は高いほうがよいのか？

食料自給率は低いほうがよい

「食料自給率を高めるべきだ」としばしば言われます。

日本の自給率が低いのは事実です。カロリーベースの自給率で見ると、最近は40％を切っています（注）。これは、アメリカ１３０％、オーストラリア２２３％などに比べて低いのはもちろんのこと、イギリス63％、ドイツ95％などに比べても低い水準です。

また、時系列的に見ても、１９６１年は78％、80年は53％などと、時間を追うほど低下しています。

自給率を高くしなければならないと喧伝されるのは、危機感を煽ることによって、国内生産を正当化したいからです。そして、国内生産への補助や輸入に対する高関税を正当化したいからです。

しかし、もっとも重要な問いは、「そもそも、自給率は高いほうがよいのか？」という問題です。

これまでの説明から明らかなように、比較優位原則を無視して自給率にこだわるのは、合理性を欠く、愚かな考えです。つまり、自給率は低いほうがよいのです。

これは、比較優位の議論を持ち出さなくとも明らかなことです。絶対優位の議論で十分です。

日本で食料を国内生産するのは割高です。だから、外国から輸入すれば安くなります。日本人は高い食料を買わされて、その分だけ貧しくなっているのです。

（注）食料自給率を示す指標として、供給熱量（カロリー）ベース、生産額ベースの2通りのものが算出されています。どちらの指標においても、畜産物などについて、国産であっても飼料を自給している部分しか自給率に算入していません。このため、鶏卵は、97％を国内自給できているにもかかわらず、自給率は13％でしかありません。これは鶏の飼料原料の約9割を輸入しているからです。食料全体についても、生産額ベースで見ると、飼料輸入の影響が少なくなるため、68％となり、ドイツ70％、イタリア80％などと大きな差は

なく、イギリスの58％よりは高い値となっています。

「自給率が低い」という脅迫観念は、特殊な計算方法を用いることによって、不当に増幅されている面が強いと思われます。

食料安全保障のためには輸入が必要

こう言うと、「食料安全保障の問題がある」という意見が出るでしょう。この観点から国内で生産すべきだという人は、戦争や供給国の輸出制限などを心配しています。「国内で生産していれば、こうしたリスクにさらされないから安心だ」というのです。

しかし、日本が食料供給国のすべてと交戦状態に入ることなど、およそ考えられません。それに、こうした事態は外交努力などによって回避できます。

それより前に心配すべきは、天候です。天候不順は現実にありうるリスクです。しかも、コントロールできません。

仮に食料自給率が１００％であれば、天候の影響をまともに受けます。冷夏、旱魃、台風、大雨などの被害は全国的な規模のものになりうるので、食料生産が減少し、供給不足に陥るでしょう。価格は上昇し、国民生活は大きな影響を受けます。

このリスクは、供給源を分散することで対処できます。すべての供給国が同時に天候不順に見舞われる確率は低いので、供給不足に陥る確率は大幅に低下します。供給先を世界中に分散してこそ、安定供給を実現できます。

「価格が高騰すると買えなくなる」という意見もあります。しかし、価格高騰で困るのは所得の低い国であって、相対的に所得の高い国である日本ではありません。

「輸出制限や売り惜しみが起きる」と言う人もいます。しかし、そんなことをすれば、真っ先に困るのは供給者です。アメリカ、カナダ、オーストラリアなどの農業生産者は、ビジネスとして農業生産を行なっています。国が輸出禁止命令を出せば、農業生産者からの強い反発は必至でしょう。

自給率向上の本当の目的は、国内生産者の保護です。それを隠蔽するために、安全保障と言っているのです。しかし、日本のマスメディアは、この論理の誤りを見抜けません。そして、多くの人が「自給率が高いのはいいことだ」と信じているのです。

3　FTAやTPPは望ましいのか？

「仲良しクラブ」は望ましいのか

国の世界に対する態度として、つぎの3つを区別しましょう。

A：引きこもり主義（可能な限り鎖国政策をとる）
B：「仲良しクラブ」の結成（FTA、EPA、EUなどの地域統合）
C：すべての国と分け隔てなく付き合う（自由貿易主義）

Bの「仲良しクラブ」とは、メンバーが限定された集まりです。具体的には、これから述べるFTA（自由貿易協定）やEPA（経済連携協定。TPP〈環太平洋パートナーシップ協定〉など）といったものが該当します。また、EUのような巨大な地域統合もこのカテゴリーに属します。クラブのメンバーの交流を盛んにするためにさまざまな措置を取ります。ただし、クラブの外との関係はこれまでどおりです。だからこれは、Aを一国から数ヵ国の集まりに拡大したものだと解釈することができます。

問題は、Bが望ましい方向かどうかです。日本の多くの人は、「仲良しクラブの約束を受け入れないのは、引きこもり主義だから、望ましくない」と考えています。しかし、「世界に開かれた国」とは、本当はCの方向を取る国です。

もちろん、Cの実現は簡単ではありません。では、「BはAよりはCに近いからよい」と言えるでしょうか。これは、「関税同盟の理論」として経済学で古くから議論されてきたテーマです。その結論は、「Aより悪くなることもある」というものです。

なぜなら、クラブの外の国との関係を緊密化すべき場合、クラブに入っているためにそれが阻害されることがあるからです。

もっとも、日本でBがよいと考えられているのは、「Cに近いから」というよりは、「人口や経済規模などが大きいほど強いから」という考えに基づくのでしょう。「大きいものは強い。アメリカは大きい。欧州も統合すれば強くなる」という発想です。

軍事的には、確かに大きいほうが強いでしょう。その考えを経済問題にも拡張しようとしているのでしょう。

しかし、経済的に重要なのは、クラブの仲間だけと付き合うことではなく、さまざまな国との関係を緊密にすることです。とくに、資本や労働力の流入に対してオープンな姿勢をとることです。これらは仲良しクラブの外から来ることも多いので、むしろクラブに入っていないほうがよい場合も多いのです。

仲良しクラブは、EUの場合に典型的に見られるように、巨大化した組織を運営するために必然的に巨大な官僚システムを生みます。この支配を受けたくないと考えるのは、当然です。

FTAやTPPは、貿易自由化協定でなくブロック化協定

Bで中心となるのは、FTAやTPPといった地域協定です。

ＦＴＡとは、参加国が関税や輸入割り当てを撤廃したり削減したりする協定です。

ＴＰＰは、環太平洋地域の国々による経済連携協定（ＥＰＡ）です。

ＦＴＡやＴＰＰは貿易自由化の協定であると考えられています。しかし、これは大きな誤解です。

これらは、自由化ではなく、自由貿易の原則に反するブロック化協定です。その点で、先ほど挙げた分類では、ＣではなくＢに該当します。ＦＴＡやＴＰＰは、経済学では「関税同盟」と呼ばれます。

経済圏やブロック化協定、関税同盟は、自由貿易と混同されています。いくつかの国で集まって、その域内では関税を引き下げ、または撤廃しようとするものだからです。

ＦＴＡやＴＰＰを評価するにあたって、自由貿易との区別が最も重要な点です。

こうした協定が協定加盟国間の貿易を促進することは、言うまでもありません。しかし、関税同盟は、域外諸国との間に関税障壁を設けています。したがって、それまであった域外国との貿易を縮小させるという効果も持っています。

ＴＰＰの場合には、中国が除外されるため、中国との貿易が縮小するという可能性が、日本経済にとって大きな問題となるのです。

ブロック経済化が第二次世界大戦をもたらした

関税同盟は、歴史的にはハンザ同盟の頃に遡ります。これは、中世の末期に、北ドイツの北海・バルト海沿岸にあるリューベックやハンブルクが中心となって形成した同盟体です。13世紀から16世紀ごろにかけて、北欧の貿易や商業を支配しました。

また、第一次大戦と第二次大戦の戦間期には、ブロック経済化が進展しました。

1932年、イギリスは、それまでの自由貿易主義を破棄し、保護関税による国内産業の保護と国内市場の拡大政策に転じました。さらに、自治領とイギリス連邦を形成し、スターリング・ポンドというイギリスの法定貨幣を基軸通貨とする経済圏である「スターリング・ブロック」を推し進めました。

これを契機として、ブロック経済化が世界中に広がったのです。ブロック内部では互いに利益を享受し、外部に対しては関税障壁によって輸入を排除しようとしました。

スターリング・ブロックから締め出された日本は、満州や台湾に進出し、「大東亜共栄圏」を形成しようとしました。ドイツは、東南ヨーロッパと南米とで経済圏を確立しようとしました。フランスやオランダも、独自の経済ブロック形成をめざしました。こうした排他的なブロック化の動きが、第二次世界大戦を引き起こす大きな原因になったのです。

もちろん、この当時と現在とでは、さまざまな経済的条件が大きく変わっています。しかし、「ブロック化が危険な結果をもたらし得る」という点は、われわれが忘れてはならない教訓です。

EU、EFTA、NAFTA

第二次大戦後、地域統合化が進められました。欧州では、1952年に欧州石炭鉄鋼共同体（ECSC）が設立され、57年に欧州経済共同体（EEC）が発足しました。これらが67年に欧州共同体（EC）に移行し、93年に欧州連合（EU）が発足しました。

これに対して、イギリスが中心となって60年に欧州自由貿易連合（EFTA）が設立され、EECの枠外にあった諸国が加盟しました。

また、アメリカ、カナダ、メキシコの3国で、北米自由貿易協定（NAFTA）が94年に発効し、北米産品の大部分の関税を発効後直ちに撤廃しました。その後、残る品目の関税も段階的に撤廃され、現在、北米の貿易はほぼ関税ゼロで取り引きされています。

EUやユーロ、そしてイギリスのEU離脱問題については、第8章で述べることとします。

FTA、EPAとは？

第二次大戦前のブロック化が世界大戦の一因となったという反省から、1947年にガット（関税及び貿易に関する一般協定）が作成され、ガット体制が48年に発足しました（日本は55年に加盟）。

これは、貿易における無差別原則を基本的なルールとして規定したもので、多角的貿易体制の基礎を築き、世界経済の成長に貢献してきました。これは、前の分類で言えばCに相当します。

ガットは暫定的な組織として運営されてきました。しかし、強固な基盤をもつ国際機関を設立する必要性が認識されるようになり、94年のウルグアイ・ラウンド交渉の妥結の際に、WTO（世界貿易機関：World Trade Organization）の設立が合意されました。

ところが、ドーハ・ラウンドは、各国の利害の調整ができなかったために、頓挫しました。こうして、FTA、つまり仲良しクラブ（B）が増えるようになりました。

FTAが増えたのは、比較的最近のことです。90年以前にはわずか16件しかなかったものが、90年代に50件増加し、2000年以降150件を超えるFTAが新たに発効しました。現在、世界には300近くのFTAが存在しています。

FTAは、新興国の工業化と密接な関係があります。右に述べたEU、EFTA、NAFTAでは先進工業国が中心になっていますが、一般的には新興国（新興国と先進国、あるいは新興国同士）の関わるものが大部分を占めています。

なお、FTAと似たものとして、EPA（経済連携協定）があります。これは、関税撤廃だけでなく、人の移動、知的財産権の保護、投資、競争政策などの幅広い分野での連携です。

TPPの経済的効果はほとんどない

TPPは2016年2月4日に署名されましたが、アメリカのドナルド・トランプ大統領が、就任直後に離脱の大統領令に署名しました。

TPPに関しては、「最大の成長戦略である」とか、「デフレからの完全脱却を目指す日本にとって欠かせない課題」などという意見が見られます。しかし、仮にアメリカ離脱がなかったとしても、経済に大きな影響を与えるような効果は持ちえないものです。

コメについては、日本は、1キロ341円というきわめて高率の関税を課しています。仮にこれを撤廃または削減するなら、日本の消費者にとっては大きな福音でしょう。しかし、TPPでコメの関税率を維持することは、最初から決まっていました。

他方、アメリカが自動車に課している関税（乗用車2・5％、トラック25％、部品は大半が2・5％）については、どれだけを即時撤廃するかが問題とされました。これについては、部品の8割超の品目について即時撤廃し、全品目については、10年超の長期間かけて撤廃となるとされていました。

部品の関税撤廃は、日本の輸出を増やす可能性があります。ただし、現在すでに、部品も含めて自動車の現地生産が主流となっています。こうした中では、関税率を引き下げたからと言って、輸出が大幅に増加することは考えにくいのです。

以上のように、コメの輸入枠拡大と自動車の関税撤廃は、ともに日米経済にそれほど大きな影響を持ちえないものでした。

では、全体としての効果はどうでしょうか？

内閣府が11年10月に試算したところでは、TPP参加によるGDP押し上げ効果は、10年間で0・5％（2・7兆円）程度です。年平均でいえば、2700億円程度。つまり、「ほとんど効果がない」といってよい規模です。

こうなるのは、GDPでみれば、TPP参加国のうち日本とアメリカでほとんどのウエイトを占め、両国間では（農産物等を除けば）関税障壁はすでにかなり低くなっているからです。

世界に開かれた日本をめざせ

ＴＰＰはもともと経済的な取り決めというより政治的な取り決めで、中国の太平洋圏への進出を抑止するのが目的です。中国はそれに対抗し、独自の経済圏を形成しようとしています。その手段が、中国が主導する国際金融機関ＡＩＩＢ（アジアインフラ投資銀行）の設立です。

日本の将来にとって最も重要な貿易相手国は、好むと好まざるとにかかわらず、中国にならざるをえません。ところが、ＴＰＰは、中国を排斥する「仲良しクラブ」です。その中に入ることの危険性を、われわれは真剣に考え直すべきです。

日本にとって必要なのは、ＴＰＰやＦＴＡのような閉鎖的クラブを結成してブロック化を進めることでなく、国内既得権益集団の抵抗を排して、人材と資本の面で日本を世界に向かって開くことです。つまり、ＢからＣへと貿易政策を改めることが必要なのです。そのために、日本は具体的に何をすべきでしょうか？

それは、農業と人材・資本面での開国をはかるということです。これは、ＦＴＡやＴＰＰで行なうようなことではなく、日本が自ら行なうべきことです。これは国内の政治問題ですから、日本が一方的に自由化すればよいのです。農業が開国できないのは、農業や農家のためでなく、それを票田とする政治家がいるからです。そして、農林水産省や農協があるからです。

4　水平分業とは何か？

選択と集中が必要

「企業がさまざまな分野を手広く手がけるほうがよいのか、それとも得意分野に集中するほうがよいのか」という問題は、本章の1で述べた原則によって考えることができます。

これは、「衣服とミカンを各戸で作るのがよいのか、それともどちらかに特化したほうがよいのか」というのと同じことです。1で説明したように、後者がよいのです。すなわち、「選択と集中」が必要です。

このように分業化した生産が1980年代から実現している例として、PC（パソコン）があります。マイクロソフトはOS（基本ソフト）に、インテルはCPU（中央演算素子）に集中する。その他の部品も各企業が生産し、それを組み立てメーカーが集めて組み立てる。つまり、各企業が比較優位分野に特化するという方式です。それらが、市場を通じて結びついているのです。

このような生産方式を、「水平分業」といいます。

1980年代においては、日本のメーカーは、部品生産から最終製品組み立てまでを一つの企業の中で行なう垂直統合方式によるPC生産を行なっていました。そして、国内では、NECのPC−98シリーズに代表されるように大成功を収めたのです。しかし、マイクロソフトとインテルによる水平分業化が進んだため、衰退しました。

世界的水平分業の時代

水平分業は、多くの場合、国際的な広がりをもって行なわれます。

1990年代、エレクトロニクス産業で、世界中の企業が市場を通じて結びつく世界的な水平分業が進展しました。

アップルは、iPhoneという新しい製品を開発し、世界的水平分業という新しい生産方式を確立することによって、新しい製造業のビジネスモデルを切り開きました。最終組み立てを担当したのが、ホンハイの中国における子会社である富士康科技集団（フォックスコン）です。

アップルが成功した理由は、iPhoneという優れた製品開発をしたことだけではなく、中国の工業化をうまく利用したことにあります。水平分業のiPhoneの部品工場は世界各地にあり、中国で最終製品として組み立てられます。

アップルはファブレス企業となりました。「ファブレス」とは「工場がない」という意味です。同社がアメリカで最大の時価総額を持つに至ったのは、製造プロセスを変革して水平分業にしたからです。

ちょうどその頃、シャープは三重県の亀山に閉鎖的な大工場を作り、従来からの生産方式である垂直統合方式を推し進めようとしました。世界的な分業体制の中に入るか否かが、アップルとシャープのその後の命運を決めたのです。

日本の製造業は、いまだに水平分業を十分に実現していません。とりわけ自動車産業がそうです。これは、ガソリン車やハイブリッド車が、機械的に複雑な製品であるために、水平分業化しにくいという技術的な理由によります。

しかし、自動車がＥＶ（電気自動車）になると、エレクトロニクス製品と同じような水平分業の生産に移行すると考えられています。なぜなら、電気自動車になると、エンジンやトランスミッション（変速機）などの複雑な機械が不要となり、最終的な製品を組み立てるのが、ガソリン車の場合よりは簡単になるからです。その半面でモーターやバッテリーなどの部品の相対的な重要度が増加します。そのため、水平分業が主流となるのです。

日本の自動車メーカーは、これまで垂直統合によるすり合わせの技術を得意としてきましたが、それが通用しなくなる可能性があります。

第４章　為替レートと国際課税の仕組み

1　為替レートと購買力平価、実質為替レート

為替レートとは

為替レートとは、異なる通貨間の交換比率のことです。たとえば「円」という通貨を世界の一通貨として見た場合に、それがどの程度の価値を持つかを示します。

交換比率という点では、他の商品やサービスの価格と同じです。しかし、一国のすべての商品やサービスを代表するものなので、その変動は経済全体に大きな影響を与えます。その意味で、個別の物価よりも重要です。

為替レートは、さまざまな経済変数の影響を受けます。そして、多くの経済変数に大きな影響を与えます。

ここ数年の日本経済を見ると、２０１２年頃までの円高期には企業の収益が伸び悩んで株価が低迷を続けたのに対して、12年秋以降に円安になると、企業の利益が増加し、株価が上昇したというような変化が生じています。為替レートが経済全体にきわめて大きな影響を与えていることがわかります。

世界経済を考える上で、為替レートの仕組みは欠かすことのできない重要なテーマです

が、抽象的で難しい部分でもあります。

為替レート関連のいくつかの用語

為替レートは、通常、ドルを基準として対ドルで表示します。これを「基準レート」と言います。1ドル当たりの円で表わしたレートを「ドル円レート」と呼びます。「円ドルレート」とは、1円当たりのドルで表わしたレートです。つまり、ドル円レートが1ドル＝120円なら、円ドルレートは1円＝1÷120＝0・0083ドルです。通常はドル円レートで表します。したがって数字が小さいほど円高です。

ドル円レートは、日本円と米ドルという特定の2通貨間の為替レートです。これに対して、ある通貨と、対象となる全ての通貨との関係を表すのが、「実効為替レート」です。円の実効為替レートは、円と他国通貨間の複数の為替レートを、貿易額等で重みを付けて算出したものです。実効為替レートを見ると、ある通貨の価値が他国の通貨に比べてどれだけ上昇、または下落しているかがわかるので、通貨の価値を総合的に把握するのに便利です。

為替レートの変化は、増価（appreciation）、減価（depreciation）という言葉で表現されます。

購買力平価

通常用いられる為替レートは、「名目レート」です。しかし、経済的に意味があるのは、名目レートではなく、「実質レート」です。

これに関連して、いくつかの概念があります。

まず、「購買力平価」があります。これは、為替レートが自国通貨と外国通貨の購買力の比率により決まるとした場合の為替レートのことです。購買力平価には、次の2つのものがあります。

第1は、「絶対的購買力平価」で、国際的な一物一価を実現するような為替レートです。たとえば、後で述べる「ビッグマック指数」がその例です。

第2は、「相対的購買力平価」です。ある時点を基準時点とし、それ以降の各国の物価上昇率の違いを反映するように為替レートが変化した場合のレートです。

たとえば、日本の物価上昇率が低くアメリカの物価上昇率が高いとすれば、円高にならなければなりません。つまり、物価が変化しても購買力を一定に保つための、「あるべき水準」です。

賃金上昇率と物価上昇率が等しいとすれば、なぜこれが購買力を示しているかを理解しやすいでしょう。日本で物価上昇率が低ければ、賃金はあまり上昇しないので、為替レートが円高にならなければ、物価が上昇したアメリカのものを買うことができません。だから、購買力を維持するためには、円高にならなければならないのです。

相対的購買力平価は、基準時点の取り方によって、異なる値をとります。

実質為替レート指数

つぎに「実質為替レート指数」について説明します。実質為替レート指数とは、現実の為替レートがインフレなどの物価変動で決まる購買力平価からどの程度離れているかを示す指標です。

通常の経済変数について「実質」というのは、ある基準時点を定め、「その時点から仮に物価変化がなかったとしたら、変数がいくらになったか」を示します。一方、「名目」とは、「実際に市場で取り引きされている価格のこと」です。

実質為替レートも、これと同じ考えに基づいて算出したものです。ただし、つぎの2点で、普通の変数の場合と違います。

第1に、日米を考えるのであれば、物価の変化率としては、日本とアメリカの相対的な変化率、つまり、「日本の物価変化率÷アメリカの物価変化率」を用います。

第2に、基準年次を100とする指数で表します。

実質為替レート指数は、現実の為替レートが購買力平価に対してどの程度の比率になっているかを示しています。

たとえば、本来の実力と考えられる購買力平価のレートが1円＝0・0150ドルであるにもかかわらず、現実の為替レートが1円＝0・0085ドルしかないとしましょう。その場合には、実質為替レート指数＝0・0085ドル÷0・0150ドル×100＝56・7となります。これは、「本来であれば1円でアメリカの0・0150ドルの商品を買えるにもかかわらず、現実の為替レートでは、その56・7％である0・0085ドルの商品しか買うことができない」ということです。ここで、「本来であれば」というのは、「基準年次と同じだけの購買力を維持していたら」という意味です。

実質実効為替レート指数を1995年と比較

1995年から現在までの間に、アメリカの物価は日本の物価に比べて高い上昇率で上がりました。したがって、その当時より名目レートが円高にならないと、日本人はその当時と同じものを買うことができません。

図表4―1からわかるように、94〜95年頃は、実質為替レートが円高になりました。し

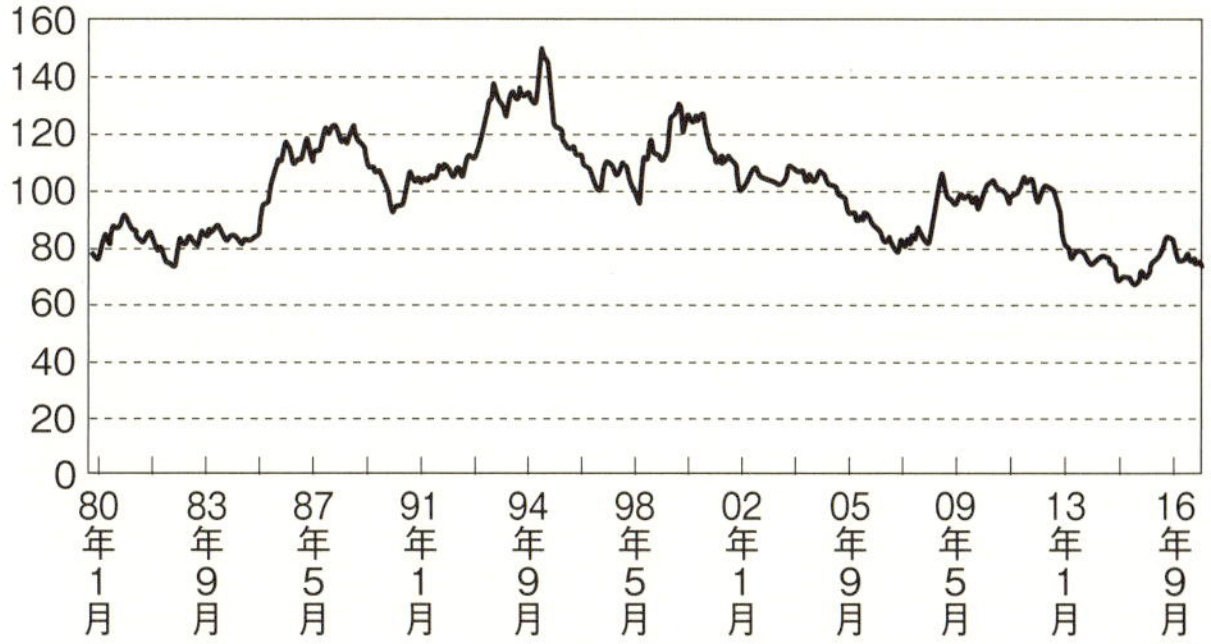

(資料：日本銀行)

図表4-1　実質実効為替レート指数の推移

かし、その後は、99年と08年に一時的に上昇したものの、90年代後半以降においては、低下傾向にあります。

２０１５年後半以降再び上昇しましたが、それでも２０１７年９月の値は74・63であり、90年代の中ごろに比べると、半分くらいの水準に低下していますす(１９９５年４月には１５０・83)。これは、80年代前半の水準です。つまり、日本円の購買力は、長期的に大きく低下しており、90年代の中ごろに比べて半分になってしまったのです。たとえば外国旅行をした場合、泊まれるホテルは、90年代中ごろに泊まれたホテルの半分の宿泊料のところになってしまったわけです。この意味において、日本人の豊かさは半分になったということができます。

名目レートは80年代前半には１ドル２００円台だったので、その頃より円安になっていると言われると、驚くかもしれません。こうしたことになるのは、これまで説明したとおり、日本の物価や賃金が当時以降それほど上昇しなかった半面で、外国での物価や賃金が上昇したからです。

このことは、名目レートを見ているだけでは分かりません。

実質為替レートは、やや分かりにくい概念であり、直観的に理解しにくいところがあります。しかし、右で述べたことは、海外を旅行すれば実感できます。

なお、日本銀行の統計データ検索サイトには、実質為替レートは「実質実効為替レート指数」で示されています（図表4―1参照）。

右に説明したのは、日本円とアメリカドルの間だけの関係ですが、「実効」指数は、さまざまな国の通貨との実質レートを計算し、これらを貿易量でウエイトづけた平均値です。また、2010年を基準時点とし、そこでの実質実効為替レートを100としています。

ビッグマック指数

すでに述べたように、「購買力平価」は、基準時点をどこに取るかによって結果が左右されます。

この問題を回避するために、世界のさまざまな国でほぼ同質の商品が販売されているものを取り上げて、その価格を見る方法があります。最もよく用いられるのは、『エコノミスト』誌が１９８６年に考案して以来継続的に使用されている「ビッグマック指数」です。これは、世界中で販売されているビッグマックの価格を比較して、世界各国の総合的な購買力を見ようとするものです。

２０１７年のビッグマック価格ランキングでは、ビッグマックの価格は、アメリカで5・30ドル、日本で３８０・00円でした。これらの価格が同じでなければならないとすると、5・30ドル＝３８０円、つまり、１ドル＝71・7円となります。

18年1月の実際のレート１１２円と比較すると、36％も円安ということになります。一つの商品だけを取り上げて「適切な」為替レートといえないことはもちろんです。しかし、現在の為替レートがかなり円安に偏ったものであることは、確認できます。

交易条件

最後に、「交易条件」について見ていきましょう。

「交易条件」とは、輸出財1単位と交換に入手することができる輸入財の量を示します。

交易条件が高まるほど、同じ輸出量に対してより多くの輸入量を獲得できるので、実質所得は増加します。

日本経済を長期的に見ると、資源価格の上昇によって輸入物価が上昇し、輸出産業の競争力の衰えによって輸出物価が下落しました。この結果、交易条件が悪化してきました。

リーマンショック以降も、日本の交易条件は悪化を続けてきました。

２００９年には１００程度であったものが、14年には85程度にまで下落しました。しかし、14年の秋から上昇を始め、15年９月には１００を超えました。これは原油価格の下落によって輸入物価指数が下がったからです。

このように、購買力平価、実質為替レート指数、交易条件を見ることによって、為替レートの実態を理解することができます。

なお、通貨の国際的決済通貨としての実力は、世界各国の外貨準備に占める比率で見ることができます。国際通貨基金（ＩＭＦ）が公表しているＣＯＦＥＲ（Currency Composition of Official Foreign Exchange Reserves）というデータによると、17年第２・四半期の世界の外貨準備に占めるドルの割合は、約63・８％でした。ユーロの比率は約20％、円の比率は約４・６％です。

2　国際金融制度の変遷

古典的金本位制

19世紀後半に、イギリスを中心とする当時の世界の中で、金本位制が国際金融制度として確立されました。金本位制とは、金《きん》を正貨とし、貨幣の価値を一定量の金に結びつける制度のことです。

ヨーロッパ各国が次々とイギリスに追随して金本位制を採用し、日本も１８９７年に採用しました。１９００年にはアメリカでも金本位制が法制化されました。こうして、金本位制は急速に全世界に広がり、19世紀末に、国際金本位制がグローバルな国際通貨システムとなったのです。

金本位制の主要な内容は、つぎのとおりです。

第1に、自国通貨の価値を金に対して定める（これを、金平価といいます）。

第2に、貨幣供給量は金の保有量に制約される。

第3に、金が最終的な決済手段となる。

物価・正貨流出入メカニズム

金本位制は、「物価・正貨流出入メカニズム」(price-specie-flow mechanism)と呼ばれる自動調整機能を持っているとされました。これは、18世紀に、スコットランドの哲学者デイビッド・ヒュームが定式化した理論です。

この理論によれば、正貨(金)の移動によって、輸出入と為替相場が自動的に調整されます。もう少し詳しく言うと、つぎのとおりです。

金本位制においては、輸出入の差額は金で支払われます。したがって、経常収支が黒字の国には、金が流入します。ところが、貨幣供給量は金準備に規定されるため、金流入によって貨幣供給量が増加します。

これによって物価水準が上昇します。すると、貿易における競争力が失われます。このため経常収支が赤字化します。そして金が流出し、国内通貨量は減少します。このため、国内の貨幣供給量は減り、物価が下落します。すると輸入は減り、輸出が増えて貿易赤字は解消に向かいます。

こうして、通貨当局が外国為替市場に介入しなくとも、金平価が自動的に維持されるのです。

しかし、このモデルは現実とはかけ離れていると批判されました。実際には、金本位制はもう少し複雑な形で機能したとされます。

第1に、ヒュームのモデルは、金だけがマネーとして流通している世界を考えていますが、現実には銀行券も流通しています。第2に、このモデルでは国際的な決済は金を移動することでなされるとしていますが、実際には第2章の1で見たような国際的な資本移動があります。

ベリー・アイケングリーン『グローバル資本と国際通貨システム』(ミネルヴァ書房)は、実際には、中央銀行による公定歩合の引き上げ操作などによって輸入需要が減少するメカニズムが働いたとしています。すなわち、赤字国の赤字が膨らむと、資本を引き寄せる(黒字国から借り入れる)ために、中央銀行が金利を引き上げます。金利が高くなると投資などが減少するため、赤字国の輸入が減少するというのです。

これは、自動的なメカニズムではなく、中央銀行の政策と国際間資本移動に依存する調整です。

このように、金本位制は「物価・正貨流出入メカニズム」による自動調整機能だけでなく、中央銀行による公定歩合の操作などのさまざまな要素が絡み合って成立していました。

国際金融のトリレンマ

「国際金融のトリレンマ」という関係があります。これは、①国際間資本移動の完全な自由、②固定為替レート、③独立した金融政策という3つの条件のうち、3つすべてを選ぶことはできず、2つだけを選ぶことができるというものです。

これは、国際経済学者のロバート・マンデルによって提示されました為替レートや国際金融を考える場合の、最も基礎的な概念の一つです。

なぜそうなるのでしょうか？　その理由は、つぎのとおりです。

いま、何らかの理由で外国の金利が上がったとします。最初に、②の固定為替レートのもとで①の資本の国際移動を自由にしている場合を考えましょう。外国の金利が上昇すれば、自国通貨を売って外国に投資をすることが有利になるため自国通貨が売られます。こうして資本が流出して通貨が減価し、固定レートを維持することが難しくなります。これを食い止めるには、金融引き締め政策を導入して国内の金利を高め、資本流出を防ぐ必要があります。つまり、③の国内の金融政策の自由は失われるわけです。

つぎに、②の固定為替レートのもとで③の金融政策の自由度を確保したとしましょう。外国の金利が上昇すると、右に述べたように資本が流出し、通貨が減価します。右のケースでは資本移動が自由にされているために国内金融の引き締めが必要になるのですが、国内景気を後退させないことが望まれる等の理由により、金融引き締めを行なわないことが求められたとします。つまり、③の独立した金融政策が望まれたとします。この場合に資本流出を防止するには、①の資本移動を禁止する必要が生じます。

それでは、①の資本移動の自由化とともに、③国内の金融政策の自由度も確保したとすると、どうでしょうか？　この場合には、外国の金利が上がると資本が流出して通貨が減価し、したがって、②の固定為替レートは維持できなくなります。

このように、３つの目標のすべてを実現することはできず、１つを犠牲にする必要が生じるのです。

ブレトンウッズ体制

第一次世界大戦の勃発によって、主要国は金本位制を停止しました。戦争によって、対外支払いのための金を政府に集中することが必要となり、金の輸出を禁止して、通貨の金兌換を停止せざるをえなくなったからです。また、各国間での為替手形の輸送が途絶したことなども影響しました。戦後、各国は金本位制を復活させましたが、１９３０年代の世界不況のなかで、大半の国が金本位制度を放棄しました。

第二次大戦後の国際通貨体制は、１９４４年７月、アメリカのニューハンプシャー州ブレトンウッズに連合国側の44ヵ国を集めて開かれた会議で決められたことから、「ブレトンウッズ体制」と呼ばれます。

これは、ドルを基軸通貨として、その他の国の通貨がドルに対して固定レートで交換されるという固定為替相場制です。

ドルのみが金と交換できる金本位制を採り、それ以外の通貨は金ではなくドルとの交換が保証されるという構造のため、「金・ドル本位制」とも呼ばれます。世界の金がアメリカに集中してアメリカ以外の国は十分な金準備を保有しておらず、古典的な金本位制度は再現できなかったのです。

為替相場の安定を図るために、各国に対して介入のための資金を融資する国際通貨基金（IMF）を設置しました。また、金とドルの交換レートは金1オンス＝35ドルとし、ドルと各通貨との交換レートは35ドルの上下1％以内に保つこととされました。日本は52年にIMFに加入してこの体制に加わり、為替レートは1ドル＝360円とされました。

また、固定為替を維持するために、中央銀行がすべての為替取引に応じることとされました。

ブレトンウッズ体制は、先に述べたマンデルの3つの条件のうち、②固定為替レートと③独立した金融政策を選ぶものです。

固定相場制から変動相場制へ

１９７０年代初めの世界経済において、国際通貨体制が大きく変わりました。71年8月に「ニクソンショック」（金とドルとの交換を停止）が起き、それに続いて変動相場制への移行が始まりました。これは、国際間の資本移動が自由になったことと並行しています。

71年12月には、「スミソニアン合意」が結ばれました。ただ、この合意では、変動相場制への移行は行なわれず、金との兌換性を停止したドルを基軸とする固定相場制を維持し、各国は定められた為替レートに対し、以前よりやや広い、上下各2・25％の幅の中に自国の通貨の価値を維持するものとされました。

しかし、その後も日本と西ドイツが経済力の強さを反映して経常黒字を記録し、アメリカが赤字を計上するという構図は変わらず、為替市場の動揺は続きました。市場の資金の流れの圧力に各国の通貨当局は対処しきれなくなり、結局、73年2月に日本が変動相場制に移行、3月にはEC諸国も共同変動相場制に移行しました。

これによってスミソニアン体制は崩壊し、76年1月に、変動相場制が正式に承認されました。つまり、②を捨てて①と③を選んだことになります。

円の為替レートは、その後、ほぼ一貫して円高方向に動きました。変動相場制への移行に関して日本の官民が恐れたのは、円高が進んで輸出が減り、日本経済が打撃を受けるということでした。しかし、実際には危惧されたようなことは起きず、日本経済は円高になっても力強く成長を続けました。むしろ80年代に入って貿易黒字が急増するなど、日本経済は円高によってかえって強くなったのです。

これは、当時の日本経済の国際競争力の体質が強かったことの反映です。

共通通貨ユーロ

ユーロとは、EUの共通通貨です。2002年1月1日に現金通貨としてのユーロが発足しました。現在、EU28ヵ国のうち、19ヵ国が参加しています。

ユーロは、域内で資本移動は自由にできますが、参加国の為替レートを固定しようとします。他方、財政政策については、各国の自由にまかされています。ユーロ圏の金融政策は、ヨーロッパ中央銀行が行ないます。先に述べたトリレンマとの関連でいえば、①国際間資本移動の完全な自由、②固定為替レート、③独立した金融政策のうち、①と②を選んで③を選ばなかったということです。

ユーロについては、第8章で詳しく説明することとします。

3　国際課税制度とその問題点

全世界所得課税方式と国外所得免除方式

国際課税制度は複雑です。また、国によって大きな違いがあります。

しかし、理解しておくことが必要です。税制にはさまざまの不公平な面がありますが、国際課税が関係すると問題が複雑になるので、なかなか問題視されることがありません。

まず、所得税、法人税などの直接税（税を支払う主体と、税を実際に負担する主体が一致している税）について述べます。

直接税の課税方式としては、大きくわけて2つのものがあります。

第1は、「全世界所得課税方式」で、外国で得た所得にも課税するものです（図表4―2参照）。

個人の場合には、居住者は、所得の生じた場所が国内であるか国外であるかを問わず、全ての所得について居住国で課税されます。

国外で生じた所得について外国で課税対象とされる場合、国内と外国で二重に課税され

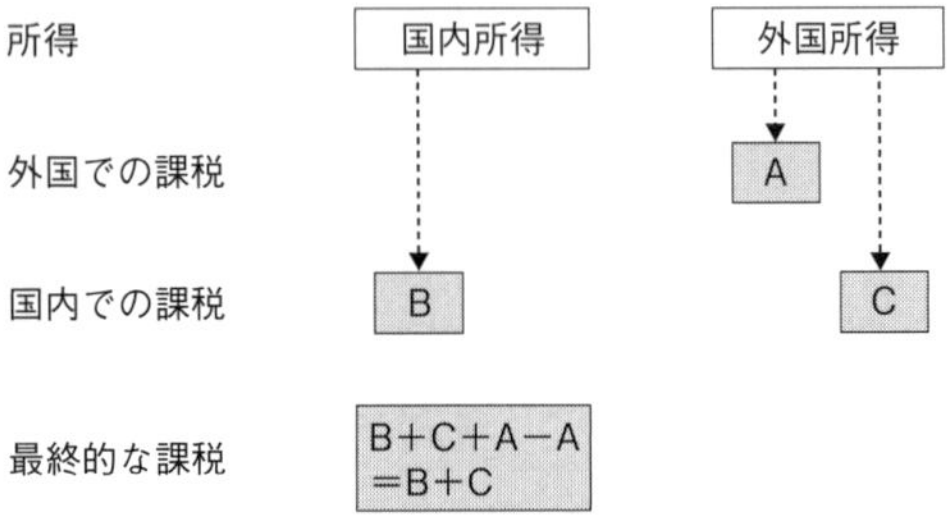

図表4-2　全世界所得課税方式

ることになります。これを調整するために、外国で課された税額を所得税の額から差し引くことができます。これを「外国税額控除」といいます。

法人税について、日本のかつての制度は次のようになっていました。

日本の法人であれば、海外の子会社から送金されてきた配当を受け取ったときに、それが親会社の所得の一部と算定されて、日本の法人税が課税されます。

ただし、配当は法人税が課された後の所得を原資としたものであり、すでに課税されているため、配当を受け取った際に日本でも課税されれば、同一所得に対して二重に課税されることになります。

そこで、親会社が納付したものとみなされる外国法人税は、本国の親会社の法人税で、外国税額控除として扱われることになっていました。

直接税の課税方式の第2は、「国外所得免除方式」です（源泉地主義、あるいは領土主義とも呼ばれます）。

これは、国外源泉所得（所得が生じた場所が国外にある所得）については、居住国で課税対象としない方式です（図表4—3参照）。

ヨーロッパ大陸諸国の多くの国は、歴史的にこの原則をとっています。このことが、ヨーロッパにおける法人税率の引き下げ競争の原因になっていると考えられます。

また、外国における法人税の課税状況のいかんにかかわらず適用されることとなるため、後で述べるタックスヘイブン（租税回避地）の利用を促進する結果になっているとも考えられます。

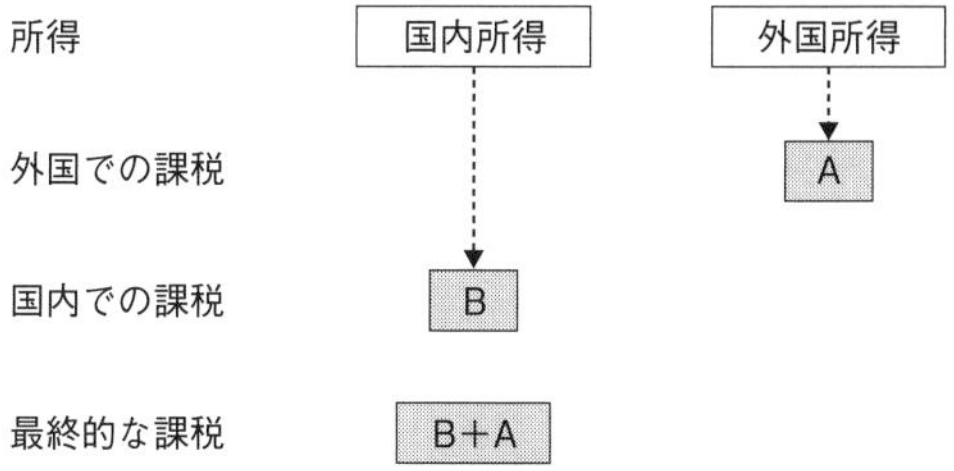

図表4-3　国外所得免除方式

日本は海外子会社の配当を非課税に

日本では、全世界所得課税方式を原則としています。このため、外国税額控除制度があります。

２００９年度より前の制度では、右に述べたように、子会社が稼得した所得は、日本の親会社に配当されるまで日本の課税対象とはならないこととされていました（ただし、以下に述べる「タックスヘイブン対策税制」は例外）。そして、配当受け取り時に日本の法人税が課税されることとされていました。

ところが、２００９年度に「外国子会社配当益金不算入制度」が創設され、内国法人が外国子会社から受け取る配当について、配当額の95％相当額は益金に算入しないこととされました。これは、国外所得免除方式への転換です。

アメリカにおける法人税改革の議論

これまでのアメリカの税制は、全世界所得課税方式を原則としていました。

アメリカの高い法人税がアメリカ企業の海外移転を加速化しているとの意見があったのですが、企業が世界のどこで所得を得ようと、国内に還流するときにアメリカの高い税率が課されてしまうので、所得がいずれアメリカに戻ることを前提とすれば、税制がアメリカ企業の海外移転を促進するということはなかったはずです。

逆に言えば、アメリカ国内の法人税率を下げても、それが外国の税率より高い限りは、企業がアメリカに戻ることを促進する効果はありません。

こうして、アメリカ企業は、高い税率から逃れられないため、国際競争で不利な立場にあるとの意見がありました。

実際には、海外子会社の利益をアメリカに還流させず、海外に留保したままにするケースが増えました。それが進んで、本社まで移転させてしまうようなことが起きました。これは、「タックスインバージョン」と呼ばれる現象です。

企業が外国企業を買収して、法人税率が低い国に本社を移すことが行なわれました。例えば、製薬会社のファイザーは、アイルランドの製薬会社アラガンを買収して、アメリカの高い法人税率を回避しようとしました。なお、アップルやグーグルについても、同様の問題が指摘されていました。

これは、2016年の大統領選で問題とされました。民主党候補のヒラリー・クリントンは、「税の抜け穴を利用して払うべき税金を免れている」と強く批判しました。共和党候補ドナルド・トランプも、同じように強く非難しました。

ドナルド・トランプ大統領が公約に掲げていた法人税改革が、17年12月に上下院で可決されました。

法人税率は、18年に、現行の35%から21%へと大幅に引き下げられます。

また、法人税の基本原則が変更されました。すなわち、海外の子会社からの配当は、アメリカ国内で課税されないこととなったのです。これは、国際課税に関するかなり大きな条件の変化です。

この改革によってアメリカ経済や世界経済がどのような影響を受けるでしょうか？　トランプ大統領の目的は、これまで海外に流出していた企業活動をアメリカに呼び戻そうというものです。しかし、第5章でも論じるように、ただちにそのような効果が生じるかどうかは、疑問です。

付加価値税の国境税調整

以上で述べたのは、直接税です。つぎに、間接税について述べます（図表4―4参照）。

基本原則は、付加価値税や消費税などの一般的間接税を導入している国が、輸出については ゼロ税率を課し、他方で輸入については他の財・サービスと同一の税率を課す、というものです。

この措置は、付加価値税を導入しているヨーロッパ諸国で広く行われています。日本においても、消費税について同様の措置がなされています。

ここで、ゼロ税率とは、課税対象とするが、その税率をゼロとする措置です。仕入れに含まれている付加価値税（消費税）は控除できるため、税の累積の問題は生じません。

これは特例措置というよりは、間接税の国境税調整措置として、全世界で共通に行なわれている措置です。仮に、課税されていない財が輸入されて国内でも課税されなければ

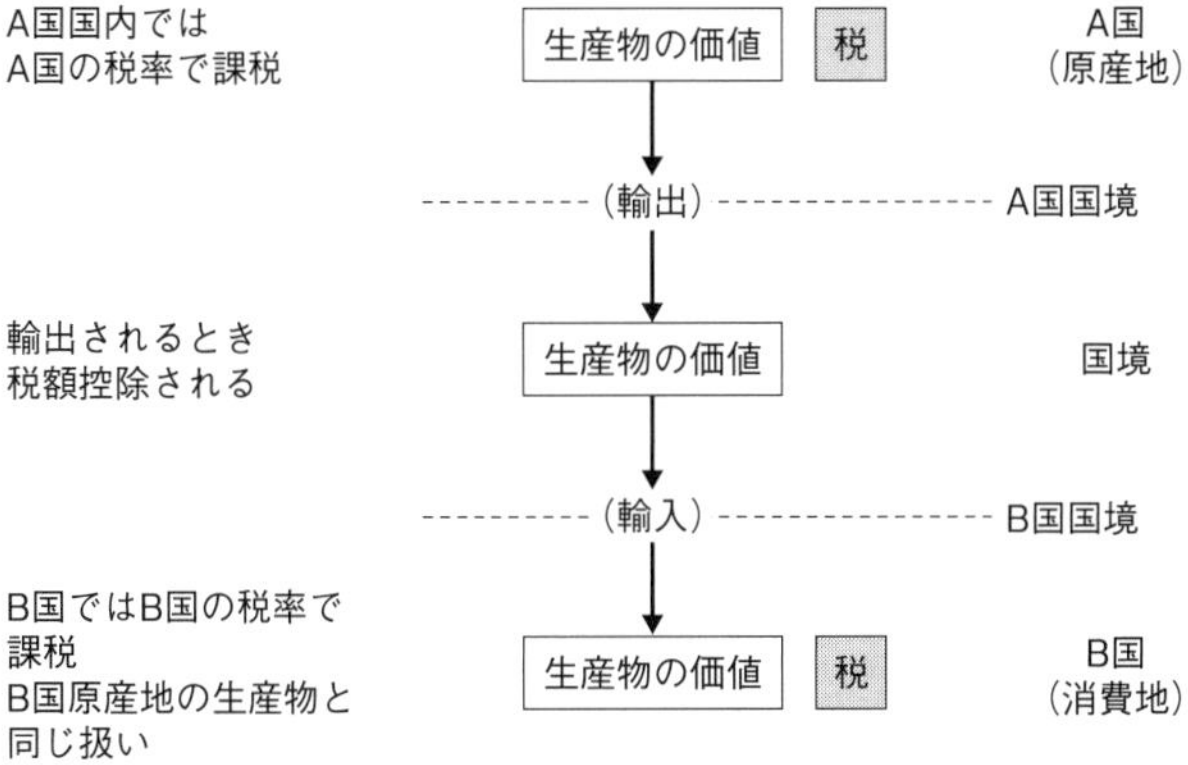

図表4-4　国境税調整措置

ば、国内で生産されている財より輸入品が有利になってしまいます。逆に、国内で生産されたものには付加価値税が課されているので、それを除去しなければ、外国で輸入されたときにその上に課税されることになってしまって、不利になります。

付加価値税の国境税調整は、このような問題を除去するための措置です。この措置によって、消費者の立場から見れば国内で生産された財と輸入された財の差がなくなります。また、付加価値税率が国によって異なることが、貿易に影響を与えません。つまり、付加価値税が貿易に中立的になります。

税を財やサービスが生産された国で課すべきか（原産地原則）、あるいはそれらが消費される国で課すべきか（仕向地原則あるいは消費地課税原則）

は、国際課税の問題として、これまで多くの議論がなされてきました。

付加価値税については、仕向地原則を取ることが広く認められてきました。右に述べた付加価値税の国境税調整は、そのための措置です。

タックスヘイブン

タックスヘイブン（租税回避地）とは、法人所得の全部又は一部に対して、全く税を課さなかったり、著しく低い税率しか設けていない国や地域のことです。カリブ海のバハマ、英領バージン諸島、同ケイマン諸島などがよく知られています。

ヘイブン（haven）とは「港」という意味ですが、単なる港でなく、「嵐を避けて逃げ込む安全な場所」というニュアンスがあります。タックスヘイブンは、「税」という嵐を避けて逃げ込む場所になっているわけです。

タックスヘイブンでは、税金が全くないか、極めて低税率であるため、そこに子会社を設立し、所得を蓄積すれば、租税回避が可能になります。

このような不当な節税策に対抗しようとするのが、タックスヘイブン対策税制です。日本では、税率20％未満の国（地域）をタックスヘイブンとし、そこに留保する所得は、日本の親会社の所得に合算して課税することにしています。この制度は、1962年にアメリカで最初に導入され、その後、72年に西ドイツ、78年に日本、80年にフランス、そして84年にイギリスにおいて導入されました。

タックスヘイブンの何が問題か？

では、タックスヘイブンの何が問題なのでしょうか？

タックスヘイブン対策税制があるため、仮に正確な申告が行なわれ、税務当局がタックスヘイブンにおける状況について完全な情報を持っているのであれば、タックスヘイブンが存在しようと、そこに子会社を設立しようと、問題はありません。

問題は、その条件が現実には満たされていないことです。タックスヘイブンに開設した銀行口座や、設立した会社についての情報は、その国の法律で厳格に守られています。このため、日本の税務当局が完全な情報を得られない場合が多いのです。したがって、日本で正しい税務申告が行なわれていない場合が多いと思われます。

それでも、日本の従来の制度である外国税額控除方式の下では、配当となって日本に還流するときに課税されます。したがって、課税のなされる時点が利益発生時点より遅れるという問題はありますが、完全に租税回避はできないわけです。

ところが、新しい制度である外国子会社配当益金不算入制度の下では、タックスヘイブン対策税制を適切に適用しなければ、子会社における利益は課税されません。そして、十分な時間を経過した後になって日本に配当として還流しても、課税されないままで終わってしまいます。

これは、合法的とは言えないものですが、しかし処罰できない租税回避です。

このように、タックスヘイブンの問題は、親会社が存在する国の側の税制にも大きく依存しているのです。

Wikipedia（英語版）によると、2012年の推計でタックスヘイブンによって失われる税収は、全世界で年間1900億ドルから2550億ドルです。

タックスヘイブンに関連して、16年に「パナマ文書」が、17年には「パラダイス文書」が問題とされました。

オフショアとは何か？

「オフショア」とは、一般的には、本土の沿岸から離れた地域のことです。金融では、非居住者に対して金融規制や租税を優遇している国または地域を指します。タックスヘイブンと関連していますが、同じことではありません。また、必ずしも有害視されているわけでもありません。しかし、世界経済に大きな影響を与えますし、その中には攪乱的なものもあります。なお、これは、税というよりは、主として金融取引の規制に関して問題とされる概念です。

「オフショア」については、明確な定義はありません。場合によって異なる意味で用いられたりします。とくに分かりにくいのは、「どこから見てオフショアなのか」という点です。

もともとは、「本土の近くにある島」（たとえば、イギリスの自治保護領マン島）がイメージされていました。「すぐに行くことができるが、本土の規制が及ばない（あるいは緩和されている）」という意味です。

国や地域全体がオフショアになっている場合もあります。その代表例はシンガポールです。68年にアジアダラー市場が創設され、84年には先物・オプションなどを取り引きする「シンガポール国際金融取引所」（ＳＩＭＥＸ）が創設されました。香港でも同様の金融センター活動が行なわれています。

日本にも、オフショア市場があります。１９８６年に東京オフショア市場（ＪＯＭ）が開設されました。オフショアでの取引と国内での取引は分離されており、オフショア勘定から国内勘定への資金の取り入れは制限されています。また、２００２年に沖縄県名護市に金融センターが設立されました。

「外国の投資家や企業の資産管理を受け入れる」という意味で、オフショア取引と似た金融取引もあります。１９８６年に行なわれたイギリスのビッグバン金融自由化政策でロンドン市場の金融規制が緩和され、それまでニューヨーク市場で行なわれていた金融取引のかなりのものがロンドンに流れました。また、スイスの銀行の守秘性は昔からよく知られています。このため世界から多くの預金を引き付けています。

これらは、「オフショア」とは呼ばれていませんが、機能は似たようなものです。「オフショアに準じる経済自由地帯」という意味で、「オンショア」と呼ばれることもあります。

オフショア取引はどう評価されるでしょうか？　金融規制を免れるという意味では問題視されるかもしれません。しかし、金融取引はできるだけ自由に行なわれるほうが望ましいという考えもあるでしょう。そうした立場から言えば、オフショア取引によって本国の自由化が進むという効果も期待されるわけで、むしろ積極的に評価されるでしょう。

第5章　新しい産業で成長するアメリカ経済

1　アメリカ経済は成長している

アメリカは、ヨーロッパとの比較でも成長が顕著

アメリカ経済は、順調な成長を続けています。アメリカ経済の強さは、さまざまな指標で確かめることができます。

第1章では、日本との比較でGDP成長率や一人当たりGDPの推移を見たのですが、以下のように、ヨーロッパ諸国との比較でも、アメリカ経済が順調に成長していることが分かります。

まず、実質GDP成長率の推移を見ると、図表5―1のとおりです。

ここで示したどの国も、リーマンショックでマイナス成長に落ち込みました。そのなかで、アメリカはかなり急速に回復しています。

図表5―1の2018年よりあとは、IMFによる推計です。これによって今後の成長を見ると、ここに示した国は、かなり明瞭につぎの3つのグループに分けられます。

第1は、アメリカ、イギリス、それにアイルランドで、2%強の成長を続けます。リーマン前に比べれば決して高成長とはいえませんが、先進国間の比較でいえば、かなり高い

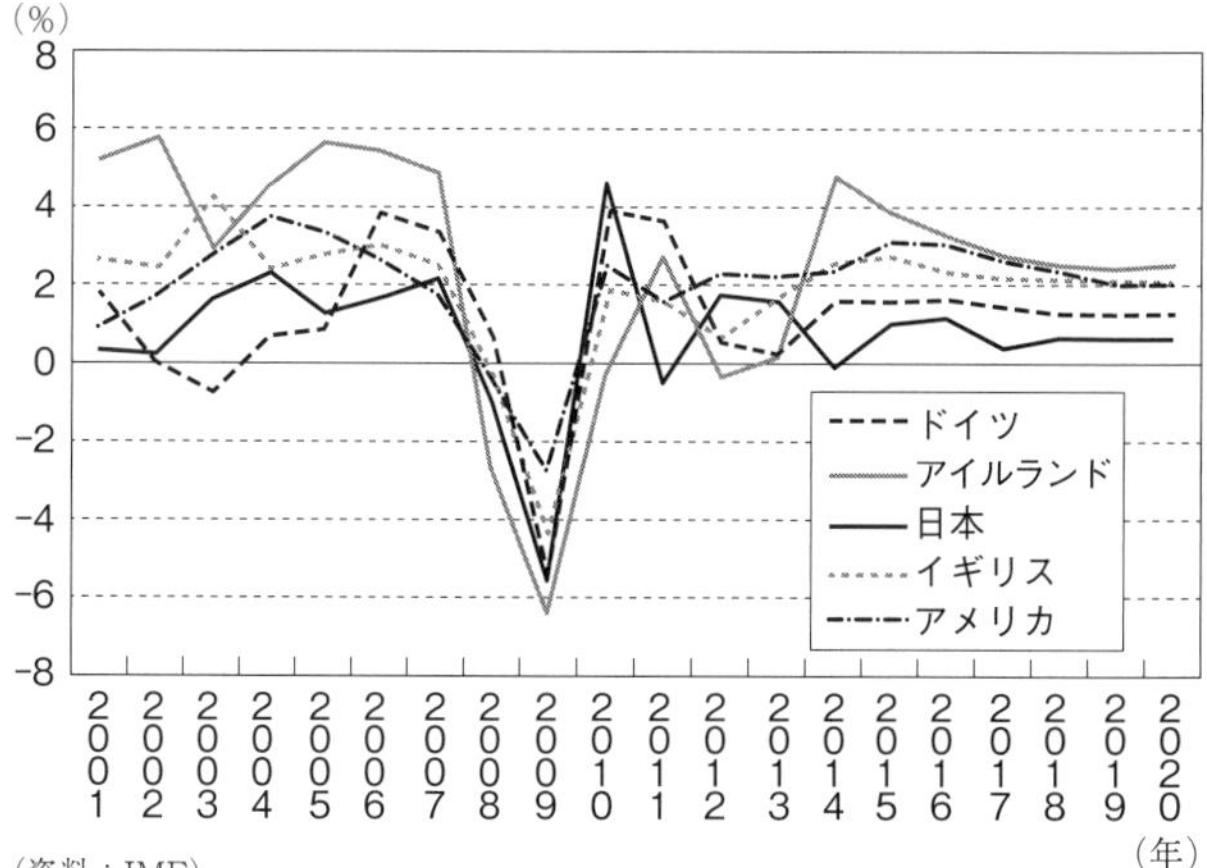

(資料：IMF)

図表5-1　実質GDP成長率の推移

成長率です。

第2はドイツで、1%台の成長です。

第3が日本で、1%台ないしそれ未満の成長率しか実現できません。第1章で見たように、日本の停滞ぶりは鮮明です。

一人当たりGDPの推移を見ると、図表5—2のとおりです。この指標で見ても、アメリカの成長は順調です。

専門的サービスが牽引する新しい成長

以下では、アメリカ経済の新しい成長パターンがどのようなものであるかを見ることとしましょう。

アメリカの産業別付加価値を見ると、図表5—3のとおりです。

「金融・保険・不動産」の付加価値が、製

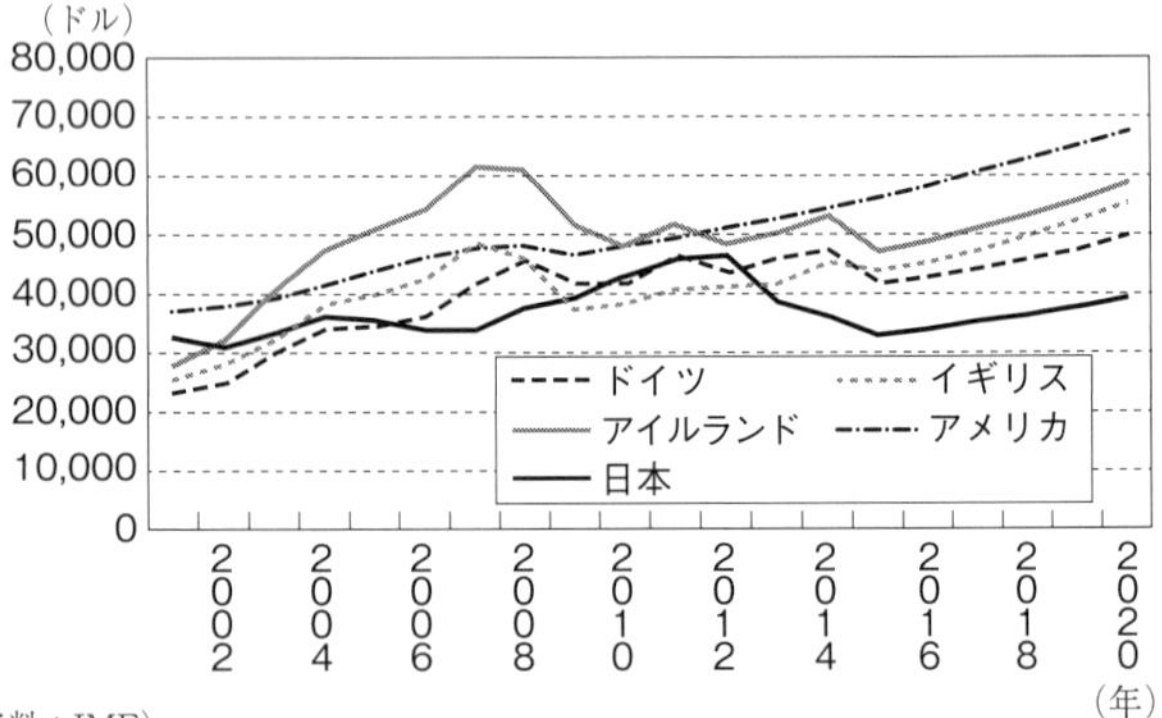

（資料：IMF）

図表5-2　一人当たりGDPの推移

造業よりかなり高いことが注目されます。この分野の付加価値はリーマンショックで落ち込みましたが、その後回復し、現在の値はリーマンショック前よりかなり高くなっています。

最も重要なのは、日本の統計分類にはない「専門的ビジネスサービス」（対事業所サービス、法律・会計サービス、コンサルティング、研究・教育など）の付加価値が高い率で伸び続けており、２０１６年には付加価値が製造業より大きくなっていることです。

２０１６年の値を00年と比べると、製造業は１・40倍ですが、金融・保険・不動産は、１・94倍というかなり高い値です。さらに、専門的ビジネスサービスは２・０倍と、非常に高い倍率になっています。これが、いまのアメリカ経済の状況を表しています。

現代のアメリカ経済の成長の中心は、高度サービ

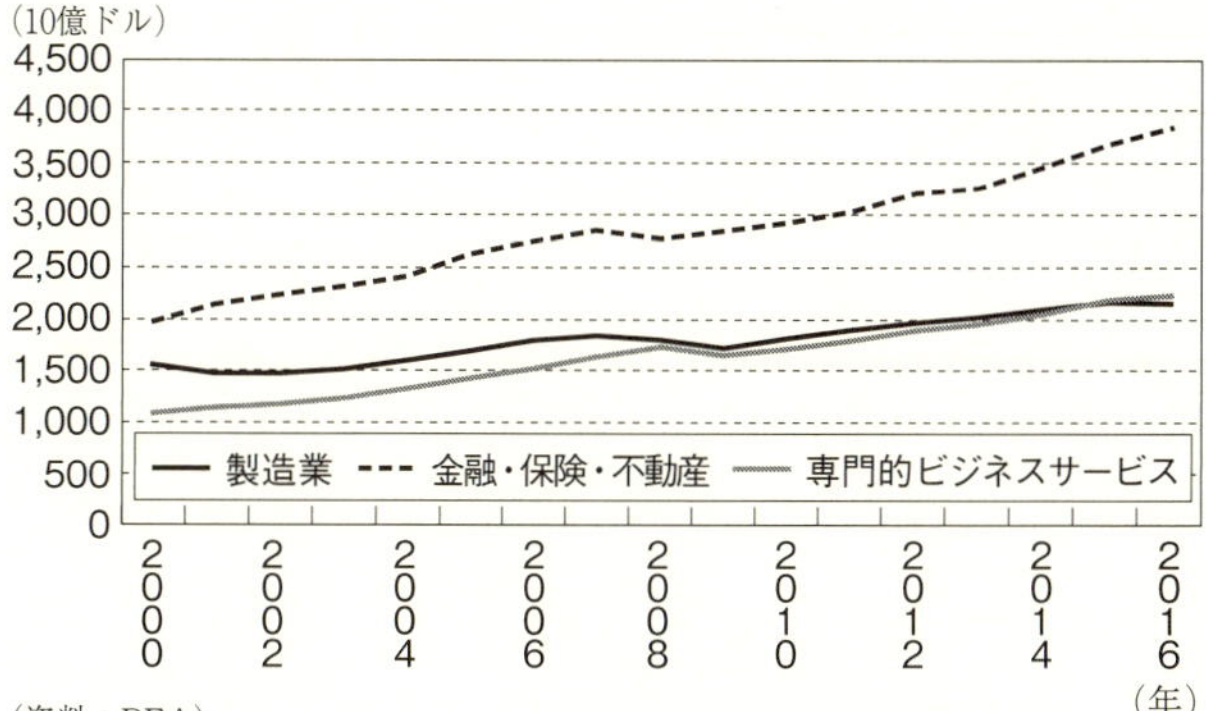

（資料：BEA）

図表5-3　アメリカの産業別付加価値の推移

ス産業です。かつてアメリカ経済の成長をリードした製造業ではないことに注意が必要です。

先に見たようにアメリカの経済成長率は日本のそれに比べて著しく高いのですが、この背景には、このような産業構造の変化があります。金融業や専門的サービス業などが成長することによって経済が成長しているのです。

このことは、トランプ大統領の経済政策を評価するにあたって、重要なポイントとなります。これについては、本章の5で触れます。

製造業が縮小し、賃金が高い産業が成長

つぎに産業別の雇用者数の推移を見ると、図表5—4に示すとおりです。製造業はリーマンショックで激減し、それ以降目立って回復していません。金融・保険・不動産はほぼ一定です。また、専門的ビ

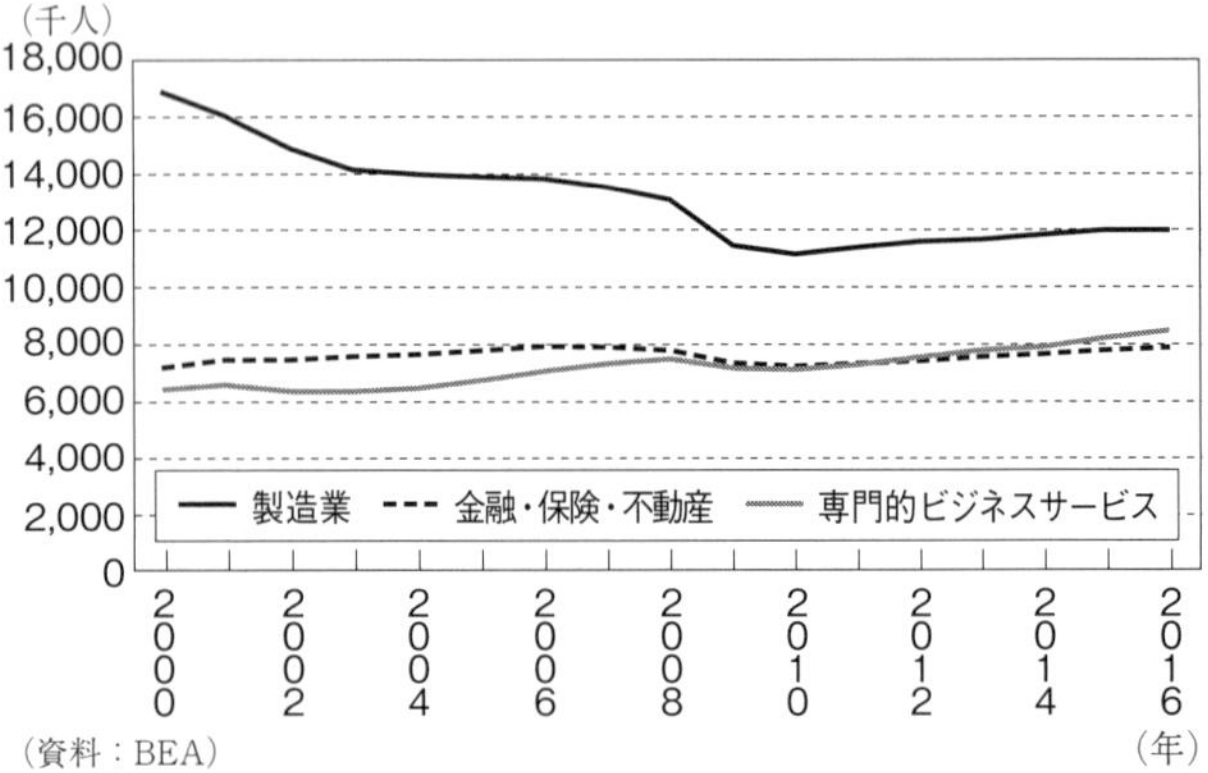

図表5-4　アメリカの産業別雇用者数の推移

ジネスサービスは増えています。

２０１６年の値を00年と比べると、製造業は29・0％の減です。

しかし、金融・保険・不動産は10・3％増加しています。また、専門的ビジネスサービスは、31・6％の増となっています。

このように、雇用者数で見ても、製造業が減少する半面で高度サービス産業が成長するという、大きな変化が生じているのです。

製造業は、就業者数でのシェアは高いのですが、賃金所得でのシェアはそれより低くなっています。つまり、一人当たり賃金所得では、製造業は高度サービス産業より低いわけです。

実際のデータで16年の一人当たり賃金を見ると、製造業では6万7607ドルです。ところが、金融・保険・不動産では10万4782ドルであり、製造業の1・5倍となっています。専門的ビジネスサービスでは9万6451ドルで、製造業の1・4倍です。

このように、アメリカの場合、製造業より賃金水準の高い産業が存在するのです。そして、そのシェアがこれまで見てきたように拡大しているのです。

アメリカの所得が全体として拡大するメカニズムは、このようなものです。

2 アメリカの企業構成は大きく変わっている

アメリカの大企業

アメリカにおける時価総額のリストを見ると、1980年代と現在では大きく違います。89年における時価総額の上位10社は、つぎのとおりでした（数字は時価総額で単位は100万ドル）。

IBM（6万1205）、エクソン（5万7968）、GE（5万6183）、フィリップモリス（3万4605）、ブリストル・マイヤーズ（2万8431）、GM（2万7786）、アムコ（2万7750）、MERCK（2万7085）、デュポン（2万6728）、モービル（2万5123）。

これらの企業のうち、現在でも時価総額の10位以内に残っている企業は、エクソンモービルだけです。

80年代の初め頃まで、アメリカの代表的な「エクセレント・カンパニー」と見なされていた企業は、AT&TとIBMでした。IBMはワトソン研究所という、きわめて先端的な研究所を擁しており、ここで最先端の研究が行なわれていました。また、AT&Tはベル研究所を擁していました。ここでトランジスタとレーザーが生み出されました。人類の未来はAT&TとIBMが切り開くことを、誰も疑わなかったのです。

ところが、実際には、これらの企業が没落することで新しい経済が開かれたのです。AT&Tはすでに消滅しました（企業名としては残っていますが、かつてのAT&Tとは別の会社です）。IBMは企業改革で生き残りましたが、事業内容は大きく変化し、もはやコンピュータの製造メーカーとは言えなくなりました。

現代のアメリカを牽引するGAFA企業

現代のアメリカ経済をリードしているのは、新しく生まれた産業の新しい企業です。

アメリカ企業の時価総額のトップ5は、こうした企業で占められています。

それらは、アップル、アルファベット（グーグル）、マイクロソフト、フェイスブック、アマゾンです。これらの企業のうちマイクロソフト以外の4社は、頭文字をとって、「GAFA」と呼ばれます（Google、Apple、Facebook、Amazon。なお、「アルファベット」は、Googleの持ち株会社です）。

これらは、すべてIT関連企業です。これらの多くは、20年前には存在しなかったか、新興の零細企業だったもので、IT革命の勝者です。

このグループの企業は、従来の産業が担当していた分野を塗り替えています。新しい情報技術を基とした新しいビジネスモデルを開発したことによって、従来の企業を乗り越えたのです。従来の企業とは異なる企業文化を持ち、イノベーションを先導しました。

これらの企業は、従来の製造業とは極めて異質のものです。

アップルは製造業ですが、自動車産業とは全く異なる製造業です。iPhoneという新しい製品を開発し、世界的水平分業という新しい生産方式を確立することによって、新しい製造業のビジネスモデルを切り開きました。アップルは工場を持たない「ファブレス」製造業です。

アップルに限らず、アメリカの製造業企業は、製造工程には新興国の低賃金労働を用い、そうして作った製品を高所得国に売るというビジネスモデルに、明確に方針を定めています。利益が出るのは当然のことです。

グーグルやフェイスブックは、そもそも製造業ではありません。広告料収入によって支えられているという意味では広告業ですが、グーグルは検索連動型広告という新しい広告方式を用いることによって、従来の広告代理店とはまったく異なるビジネスモデルを確立しました。フェイスブックも新しいタイプの広告業です。SNSという新しい方式で個人情報を集め、それをもとに広告を行なっています。

アマゾンは、流通業ですが、インターネット上のショップであり、従来の流通業とはまったく異なります。

過去20~30年程度の期間のアメリカ経済の成長は、こうした企業の成長に支えられてきたのです。

グーグルもフェイスブックも、豊富なビッグデータを手に入れられる世界で数少ない企業で、そのデータを活用することによって未来を開くと考えられます。

なお、GAFA企業がいずれも、連邦政府や伝統的な経済活動の中心である東海岸ではなくアメリカ西海岸に立地しているのは、興味深い事実です（アマゾンとマイクロソフトはワシントン州のシアトル、それ以外はカリフォルニア州のシリコンバレー）。

3　フリーランサーという新しい働き方が広がる

アメリカの成長産業である高度サービス産業は、さまざまな面で従来の産業とは異質です。

フリーランサーの時代

それを示すひとつの指標が、自営業者の多さです。

雇用者数に対する自営業者数の比率を見ると、製造業では2・2%にすぎませんが、「金融・保険・不動産・賃貸」では8・6%です。さらに、「専門的、科学技術的サービス」では、24・3%にもなります。

アメリカ経済は、組織が経済活動の中心で人々が大組織の中で仕事をする社会から、「自営業の時代」に移りつつあることが分かります。

このことを「フリーランサーの増加」として捉えることができます。伝統的に自営業者が多い農業、小売店、建築業者ではなく、専門的職業において増加しているのです。

これは、新しい情報技術の進展が、フリーランサーという新しい働き方を可能にしつつあるからです。

アメリカのフリーランサーは全就業者の3分の1を超える

アメリカにおけるフリーランサーの状況は、*Freelancing in America: 2017* というレポートで見ることができます。

このレポートによれば、アメリカにおけるフリーランサーの数は、5730万人です。フリーランサーでない就業者は1億0270万人なので、フリーランサーがアメリカの労働人口の35・8%を占めます。彼らの所得は、1・4兆ドルになります。2014年のレポートにおけるフリーランサー数は5052万人でしたので、3年間に13%ほど増えたことになります。

フリーランサーのうち大学院教育を受けている人の比率は19%であり、一般労働者の14%より高くなっています。

フリーランサーがこのように多い背景として、54%のアメリカ人が、いまの自分の仕事が20年後もあるかどうか分からないと思っていることがあります。

フリーランサーになった動機としては、「やむをえずというよりは、望んでそうなった」とする人の数が63%を占めます。この比率は、2014年には53%でした。

フリーランサーの63%は、複数の顧客を持つほうが、単一の雇用主の下で働くより安定性が高いと考えています。

フリーランシングがよいとしてあげられるのは、つぎの諸点です。①自分が仕事のボスになれる。②働く時間を選択できる。③自分自身のプロジェクトを選択できる。④働く場所を選択できる。⑤余分の収入を得られる。こうしたことが、フリーランサー増加の背後にあるのでしょう。

2027年には、過半数のアメリカの労働者がフリーランサーになる

このレポートは、今後、フリーランサーが増加する半面でフリーランサーでない就業者は減少し、将来は、過半数のアメリカの労働者がフリーランサーとして働くだろうと予測しています。

より詳しくは、つぎのとおりです。

2020年には、フリーランサーが6480万人で、39・8%。フリーランサーでない就業者は9810万人です。2023年には、フリーランサーが7330万人で、44・2%。フリーランサーでない就業者は9250万人です。

27年には、フリーランサーが8650万人で、50・9%と過半を占めます。フリーランサーでない就業者は8340万人です。

28年には、フリーランサーが９０１０万人で、フリーランサーでない就業者が８０８０万人になると予測されています。

副業や兼業が多い

このレポートにおけるフリーランサーの定義はかなり広く、兼業や副業として仕事をしている場合もフリーランサーの範囲内に含めています。したがって、雇用者と重複しています。

このレポートは、つぎの5つのタイプを区別しています。

①独立契約者（全フリーランサーの31％、１７７０万人、２０１４年から9ポイント減）
雇用されず、一時的にまたはプロジェクトベースで自分自身で仕事を行なう。

②分散労働者（同35％、１９８０万人、同17ポイント増）
従来の形態の雇用やフリーランスの仕事など、さまざまな収入源から所得を得る。例えば、週20時間は歯科医の受付で働き、残りはUberで運転をしたりする。

③ムーンライター（同23％、１３００万人、同4ポイント減）
従来の形態で雇用され、その他にフリーランスの仕事をする。たとえば、企業に雇われてウェブの仕事をするが、夜には、他の会社のウェブの仕事をする。

④フリーランスのビジネスオーナー（同6％、340万人、同1ポイント増）
フリーランサーとして事業を所有し、何人かの人を雇用する。
⑤臨時雇用労働者（同6％、340万人、同4ポイント減）
従来と同じように単一の雇用主の下で働くが、そのステータスが臨時的なもの。たとえばデータの入力作業を3ヵ月契約で行なう。

このように、雇用も含めてさまざまな形態での就業を組み合わせるという場合がもっとも多くなっています。

アメリカの就業形態は、伝統的なものとはかなり変化していることがわかります。組織にとらわれない労働者が増えることによって、高度サービス産業など新しい産業がさらに成長するでしょう。雇用者の統計だけを見ていると、アメリカ経済の実態を見誤る危険があります。

4　シリコンバレーとラストベルト

シリコンバレーにはIT関連の先端企業が集積

「シリコンバレー」とは、アメリカ、カリフォルニア州のサンフランシスコの南の湾岸に広がっている地域です。

アップル、グーグル、フェイスブックをはじめとするIT関連の先端企業が本拠を構えています。そもそもIT革命は、シリコンバレーのスタートアップ企業によって開かれたものです。その後も、さまざまなスタートアップ企業が、この地域で活発な活動を展開しています。

ところで、インターネット時代においては、離れた場所との通信は、きわめて容易にできます。したがって、同じような経済活動が1ヵ所に集積する意味はないように思われます。

それにもかかわらず、シリコンバレーには、IT企業が集積しているのです。いったい、集積することに、どんな意味があるのでしょうか？

しかも、ニューヨークやサンフランシスコのような大都市圏ではないところに、先端企業がこれだけ集まっているのです。これも、きわめて興味深い現象です。

これについては、いくつかの研究があります。

それによれば、シリコンバレーの環境は、イノベーションを生み出すのに理想的なものなのです。イノベーションを生む環境とはどのようなものかを知るには、シリコンバレーについて、具体的に知る必要があります。

シリコンバレーのイノベーションを支えたもの

シリコンバレーのイノベーションにおいて、スタンフォード大学が重要な役割を果たしたことは、間違いありません。なお、スタンフォード大学は、大学ランキングでハーバード大学とアメリカのトップを競う大学です。2017年9月にTimes Higher Education社が発表した「THE世界大学ランキング2018」では、スタンフォード大学が世界第3位となり、同第6位のハーバード大学より上位になりました。

グーグル、ヤフー、シスコシステムズ、サン・マイクロシステムズなど多くのIT企業が、スタンフォード大学の大学院生や関係者によって創業されました。グーグル、ヤフー、シスコシステムズなどは、当初は大学内で試験的な事業を行なっていました。

シリコンバレーが発展したのは、有能な人々が1ヵ所に集積する効果によると言われます。新しいアイディアを生み出すような過程においては、そうした人々の間の非公式なコミュニケーションがとくに大きな役割を果たします。

また、イノベーションが生み出されても、それを事業化するには、資金が必要です。ところが、スタートアップ企業に対して、伝統的な金融システム（株式市場、銀行融資）が資金供給することは困難です。事業がまったく新しいもので、リスクが高すぎるからです。

この段階における企業に資金供給したのが、ベンチャーキャピタルです。将来どうなるかわからない事業に出資し、経営指導などをして成長させ、ある段階に達したら、IPO（株式公開）をさせるのです。

そのようなベンチャーキャピタルが、シリコンバレーにはいくつも存在していました。右で述べたハイテク企業は、どれも、このようなルートをたどって成長しました。

ハイテク企業養成に特化したベンチャーキャピタルとしては、セコイア・キャピタル、KPCB（クライナー・パーキンス・コーフィールド&バイヤーズ）などがあります。

シリコンバレーのどこかで新しい発明がなされたと聞くと、ベンチャーキャピタルの専門家がすぐ車をとばして現地に赴き、デモンストレーションを見るのです。ここには、「近くにいる」ということの利点が、明らかに発揮されています。

シリコンバレーは激しく変化しています。グーグルやフェイスブックの現在の本社の所在地は、シリコングラフィックスやサン・マイクロシステムズなど、1980年代から90年代にかけてのIT革命をリードした企業の所在地だったところです。

いまのところ、人工知能（AI）の技術で支配的地位を占めるのは、ビッグデータを持つグーグルやアップルなどシリコンバレーの企業のように見えます。これからも、こうした企業が成長していくのか、それともまったく別のものが現れるのか、まだわかりません。

ラストベルトは蘇った

トランプ大統領は、2016年の大統領選挙において、ラストベルトの労働者に支持されたといわれます。「ラストベルト」とは、「錆びついた工業地帯」という意味です。そこは、本当に錆びついて、どうしようもない地域なのでしょうか？

ラストベルトの典型は、クリーブランド、ピッツバーグ、デトロイトなどです。

1859年から1870年代初頭に、北西ペンシルベニアで石油生産ブームが生じ、1870年頃クリーブランドはアメリカの石油精製拠点のひとつになっていました。

1870年に、ジョン・D・ロックフェラーが、クリーブランドに本社を置くスタンダード・オイル・オブ・オハイオを創設しています。

1913年に発足したアメリカの中央銀行である連邦準備制度は12の地域準備銀行から構成されていますが、そのうち一つはクリーブランドに設置されています。

鉄鋼産業などの重工業や自動車産業が発達し、1920年には人口が約80万人となって、全米第5の都市になりました。

しかし、60年代以降、重工業は衰退し、市も貧しくなりました。市は衰退の一途をたどり、60年代から70年代にかけては、Mistake on the Lake（湖岸の過ち）と呼ばれ、一時は、「アメリカで最も惨めな都市」とされました。確かに錆びついてしまったのです。

では、現在はどうでしょうか？

クリーブランドで、確かに製造業は衰退しました。しかし、それに代わって、金融、保険、医療産業など、高度なサービス業が発展したのです。

クリーブランドでは、もともと医療産業が強かったのですが、有力な医療機関が集まり、さらに、医療機器のサプライヤーやヘルスケア産業関連の企業が多数集積し、医療産業都市を形成しています。

いまでは、クリーブランドはComeback City（復活の町）と言われるようになっています。「同市は、いまやアメリカで最も熱い町になった」と言われることがあります。

ラストベルトでもう一つ有名なのは、ピッツバーグです。ここでは、1875年、アンドリュー・カーネギーが鉄工所を創設し、鋼の生産が始まりました。1910年代には、全米で生産される鉄鋼の3分の1から2分の1がピッツバーグで生産されました。

しかし、70年代から80年代に、鉄鋼業は衰退しました。工場は相次いで閉鎖に追い込まれ、町には大量の失業者が溢れました。製鉄工場の廃墟と公害が残り、アメリカで最も住みにくい都市の一つに転落しました。この都市も確かに錆びたのです。

しかし、ピッツバーグも、ハイテク産業をはじめ保健、教育、金融を中心とした産業構造に転換し、蘇りました。とりわけ、健康医療産業の成長が著しく、同市は、全米2位の医療研究都市となっています。世界中から企業や民間研究機関がピッツバーグに集まり、巨大な医療産業集積が形成されています。鉄鋼工場の廃墟に医療施設群がとって代わって立地したことから、ピッツバーグは今では全米で最も住みやすい都市の一つになったといわれます。

このように、「ラストベルトは時代に見放された地域であり、そこでは貧しい白人たちがこれまでの政治に不満を抱いている」という考えでアメリカを見ると、実態を大きく見誤ることになります。この地域に貧しい人々がいることは間違いありませんが、それが平均的な姿だとは、決して言えないのです。

なお、ラストベルトでのもう一つの主要都市であるデトロイトの回復ははかばかしくないのですが、それは、自動車産業に固執しているためです。

5 トランプ大統領の経済政策

製造業を呼び戻そうとする誤り

ドナルド・トランプ大統領は、伝統的な製造業の就業者が減少しているのは望ましくないことであるとし、製造業の海外流出を食い止め、さらには流出した企業をアメリカに呼び戻そうとしています。これによって、アメリカの労働者に職を取り戻そうとしているのです。２０１８年3月には、中国に対して高率の関税をかけるなどの強硬策を発表しました。

しかし、「アメリカに雇用を取り戻す」と言う場合に想定されるのは、鉄鋼業や自動車産業など、80年代までアメリカの中心であった産業です。

トランプ氏は、製造業はアメリカで工場を操業せよと言います。しかし、アップルは中国での生産を変えるつもりはありません。アマゾンはＡＩを活用して省力化を進めようとしています。

仮にトランプ氏が言うようなことが本当に行われれば、アップルのように中国にサプライチェーン（部品などの製造メーカーから最終的な組み立てに至る供給者の連鎖）を持ち、そこで生産した製品をアメリカに輸入する企業にとっては痛手になったでしょう。

また、いまさらアメリカに鉄鋼業の工場を作って中国製の安い鉄と競争するわけにはいきません。第2章で見たように、アメリカの最大の輸入先は中国であり、中国の最大の輸出先はアメリカなのです。

制裁関税で生産はアメリカに回帰するか？

アメリカの対中貿易赤字は、2016年で3470億ドルと巨額です。トランプ大統領は、大統領選のときから、この削減が必要だと主張してきました。

それを実現する手段として、18年の3月に、知的財産権侵害を理由に、一部の中国製品に25％の関税を課す貿易制裁措置を表明しました。また、鉄鋼とアルミ製品への追加関税適用を開始しました（税率は鉄鋼が25％、アルミニウムが10％）。

鉄鋼・アルミニウム関税で、EU、カナダ、メキシコは除外されていたのですが、6月1日に導入されました。

7月には、中国からの輸入品340億ドルに対する追加関税を発動しました。これに対して、中国政府もただちに報復措置に踏み切りました。

さらに、つぎのような強硬策が検討されています。

第1に、中国の報復関税に対する追加関税として、5000億ドル超の中国製品を対象に関税を課す可能性があるとしています。そうなると、対象額は中国からのモノの輸入額を上回ることになります。

第2に、自動車や自動車部品に25%の関税をかけることを検討中と報道されています。

では、こうした政策によって、製造業がアメリカに回帰するでしょうか?

関税がもたらす経済効果としては、まず関税が課税された対象については輸入が停止し、同額だけ国内の生産が上昇することが考えられます。7月に課税された340億ドルは、アメリカのGDPの0・18%にしかなりません。したがって、この程度では、仮に国内生産が増加しても、アメリカの労働者の職が顕著に増えることにはならないでしょう。

アメリカの物価が上昇する可能性が高い

実際には、情報通信機器などは、中国で組み立てて輸入しているので、関税をかけたところで、生産がアメリカに回帰するとは考えられません。米中のサプライチェーンは極めて巨大であり、これを変えることは容易なことではないのです。したがって、高関税が課されれば、アメリカ国内で製品価格が上昇する可能性のほうが高いのです。それはどの程度のものでしょうか？

中国からの340億ドルに対して25％の関税を課すとすれば、関税額は85億ドルになります。これは、2016年のアメリカの輸入総額2・7兆ドルの約0・3％でしかありません。したがって、関税が全額輸入価格に転嫁されても、輸入額を0・3％増やすだけです。これは、誤差の範囲といえるでしょう。

ただし、制裁関税を拡大すれば、影響は大きくなります。仮に中国からの輸入5000億ドルに対して25％の関税を課すとすれば、関税額は1250億ドルになります。これは、アメリカの輸入総額の4・6％ですから、全額価格転嫁されれば、輸入額は4・6％増加します。

これは決して無視できない増加率です。これによって、アメリカ国内で製品価格が上昇し、消費や投資が抑えられるでしょう。困るのはアメリカの消費者や企業です。それは、アメリカの経済力を弱めるだけです。実際に、アメリカ国内ですでに反対の声が上がっています。

トランプ大統領の政策は、国際協調を無視したアメリカ第一主義だと言われます。しかし、この政策は、アメリカのためにならない政策なのです。

ＮＡＦＴＡ再交渉の行方は？

トランプ氏は、大統領就任直後にＴＰＰからの離脱を表明しましたが、ＮＡＦＴＡについても再交渉するとしました。低賃金のメキシコが米国から工場と雇用を奪ったという理屈からです。

再交渉は、２０１７年８月から始まっています。その行方は本稿執筆時点でははっきりしませんが、仮にこれが見直されるような事態になれば、メキシコに工場を立地している自動車メーカーにはかなり大きな打撃となるでしょう。

日本のメーカーにとって問題であるばかりでなく、アメリカの自動車メーカーにとっても問題です。これまで複雑なサプライチェーンを作り上げ、北米の自動車生産体制をアジアや欧州と競争できるようにしていたにもかかわらず、それが機能しなくなるからです。その結果、生産コストが嵩む危険があります。

一般に、貿易制限的な政策を行なえば、安価な輸入品が途絶え、アメリカ国内の物価が上昇して、人々の暮らしが困窮する危険があります。現代の世界で、孤立は不可能な選択です。

トランプ政権は、政策に一貫性がないため、市場が振り回されて変動し、将来についての不確実性を大きくしています。日本がこのような政権といかに付き合っていくべきかが課題です。

移民や外国人労働者排斥はアメリカにマイナス

これまでのアメリカの先端的な技術開発は、中国やインドからの留学生がアメリカにとどまることによって推進された面がありました。

アメリカの成長がアメリカ人だけによって実現されているものではないことに、アメリカの強さの根源があります。アメリカの新しい文化は、多様性の尊重の中から生まれてきたのです。

現在のアメリカを牽引しているのは、こうした企業です。ここでは、多くの移民や外国人が働いています。

しかし、移民がアメリカの労働者の職を奪っているとして移民を制限したところで、自動車産業の労働者の職が増えるわけではありません。なぜなら、シリコンバレーで働いている人たちは、自動車産業で働いている（あるいは、かつて働いていたが失業した）労働者とは、別の人たちだからです。

シリコンバレーでは、これまでインド人や中国人が新しい技術の開発に寄与してきました。移民を制限すれば、シリコンバレーの先端産業には間違いなく不利に働きます。トランプ大統領が移民抑制的な政策を取れば、シリコンバレーの企業は深刻な専門家の不足に悩む危険があります。そして、こうした企業の成長は抑えられてしまうでしょう。

それは、アメリカの基礎技術開発力の最も重要な部分が損害を受けることを意味します。多様性を尊重する文化を否定することは、アメリカの社会の基本に重要な問題を提起するでしょう。

トランプ大統領が移民に対して厳しい政策を取れば、結局のところ、アメリカの成長を阻害することになります。

トランプ政権の移民政策や、重厚長大産業の復活を目指す産業政策が、今後、シリコンバレーの発展にどのような影響を与えるのかが、注目されます。

法人税減税とインフラ投資

トランプ大統領のマクロ的経済政策は、法人税を減税し、他方でインフラ投資を進めるというものです。大統領選挙時には、現在35％である法人税率を15％に引き下げ、10年間に1兆ドル規模のインフラ投資を行なうとしていました。

第4章で述べたように、２０１７年12月に法人税改革法案が可決されました。法人税率は、現行の35％から21％へと引き下げられます。また、海外の子会社からの配当は、アメリカ国内で課税されないこととなりました。

トランプ大統領の目的は、企業をアメリカに呼び戻すことです。しかし、ハイテク企業などが活動を海外に移しているのは、現地で低賃金労働を利用できることや、効率のよいサプライチェーンや現場技術者の存在などによるところが大きいのです。したがって、アメリカの法人税率が下がったからといって、企業が直ちにアメリカに戻ってくるとは限りません。

量的金融緩和政策からの脱却

アメリカでは、2000年代半ばから、住宅ローンの証券化が進んで投機が集中した結果、住宅価格が著しく高騰しました。

この現象が07―08年にかけての金融危機につながり、08年には大手投資銀行のリーマン・ブラザーズが破綻する事態になりました。

これに対処するため、リーマンショック直後から量的緩和政策QE1～3が行なわれ、短期金利が低い水準に抑えられました。

しかし、14年以降、アメリカは金融緩和政策から脱却しつつあります。14年10月に、

FOMC（米連邦公開市場委員会）は、量的緩和第3弾（QE3）の終了を決定しました。政策金利の誘導目標は、15年12月に0・25〜0・5％に引き上げられ、その後の数度の引き上げを経て、17年6月に1・00〜1・25％になっています。

金融緩和からの脱却ができるのは、アメリカの実体経済が強いからです。アメリカ経済は、1970年代から80年代にかけて、日本からの輸出によってそれまでの製造業中心の産業構造からの調整を余儀なくされ、困難な時期を経験しました。しかし、90年代からは、新しい情報通信技術と新興国の工業化という条件変化に対応して、産業構造を転換することに成功しました。

トランプ大統領の経済政策がどのような攪乱効果を持つかは、いまだはっきりしない点がありますが、アメリカは、高度サービス産業を中心として今後も経済成長を続け、世界経済のリーダーとしての役割を果たしていくだろうと考えられます。

第6章　中国経済はどこまで成長するか

1　工業化とめざましい成長

鎖国から改革開放政策へ

中国は、人類の歴史の大部分の時期において、世界でもっとも豊かな国でした。しかし、産業革命に対応することができず、欧米諸国に大きく後れをとりました。とくに清朝末期、国内の混乱は甚だしく、欧米列強によって侵略される事態が続きました。第二次大戦後に中華人民共和国が成立してから以後も、そうした状態が続きました。

1958年から60年にかけては、イギリスに追いつくという目標の下で、「大躍進政策」が取られました。しかし、経済的合理性に欠く政策であったため、国が疲弊しました。さらに、60〜70年代においては、文化大革命の混乱がありました。このように、70年代半ばまでは、事実上の鎖国状態にあったのです。

中国の経済成長は、78年12月の第11期三中全会における「改革開放、近代化路線」への大転換によって始まりました。この政策によって、外資が積極的に導入されました。ただし、実際に大きな変化が生じたのは、90年代になってからのことです。

国営企業改革

中国の経済改革にあたって最大の問題だったのは、膨大な数の公的企業の改革です。当時の首相朱鎔基は、この改革を政府の介入によってではなく、市場の力を利用することによって行ないました。

まず第1に、国営企業を株式会社化し、国有企業としました。つまり、所有と経営を分離したのです。

つぎのステップは、これを民営化することです。これは、1990年代半ば頃から、「基幹産業の大企業は国家が所有するが、中小企業は民営化する」という方針に従って行なわれました。

大型国有企業について、政府は90年代後半以降、上場を推進しました。そして、98年に、経営不振の国有企業の破綻処理と、レイオフ（一時解雇）を通じた大胆な人員削減を実施しました。

90年代末には、国有商業銀行の不良債権が深刻な問題になっていました。不良債権が蓄積された大きな原因は、国有商業銀行が国有企業への資金供給の責任を負っており、そして国営企業の経営が非効率だったことです。

政府はこの問題に対処するため、国有商業銀行に公的資金を注入し、また、金融資産管

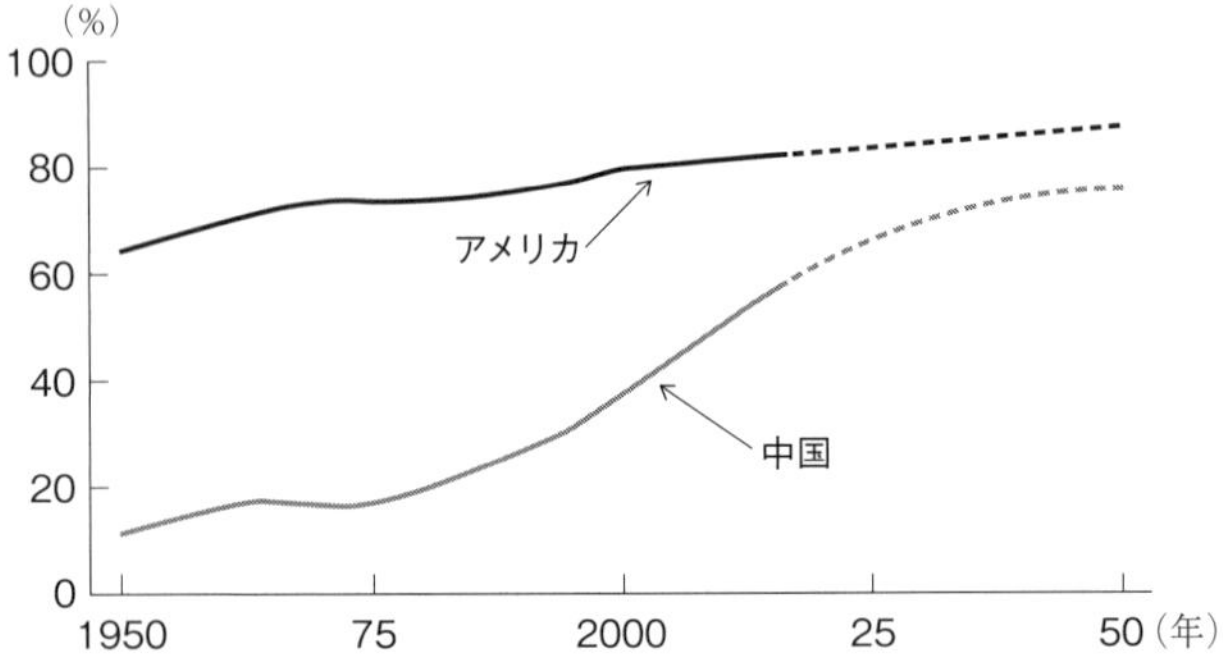

（備考）2015年以降（点線）は予測値。
（出所）内閣府『世界経済の潮流2017年Ⅰ』

図表6-1　都市化率の推移

理公司を4社設立して不良債権を買い取り、処理しました（「公司」とは会社のこと）。

めざましい中国の成長

こうした改革の後、順調な経済成長が実現しました。

図表1―2に示したように、中国の実質経済成長率は、80年代以降2010年頃まで、年率10％程度という高い値を示してきました。84、92、07年には、14％を超える高い伸び率になっています。

この結果、図表6―1に示すように、中国の都市化も進展しました。1950年代は1割程度でしかなかった都市人口比率が急上昇したのです。

08年には、リーマンショックで世界的な不況が生じましたが、中国は、金融を緩和し、さらに、政府が間接的に公共投資を増やす独自の景気刺激策を行ないました。

この需要喚起策が功を奏して、リーマンショック後も、成長率が大きく落ち込むことはありませんでした。しかし、他方で、これが不動産バブルと株価高騰を招いた原因ともなりました。

13年頃以降は、中国の成長率も低下していますが、それでも17年まで6％を超える成長率です。IMFの見通しでは、今後、成長率は若干低下するものの、21年まで6％台の成長が続くとされています。

将来の世界は、米中経済大国と「その他」に

こうした高成長の結果、第1章で見たように、中国のGDPはすでに日本を上回っており、現在、世界2位の経済大国です。日本の貿易相手国としても、中国はいまや世界最大です。

したがって、今後の日本経済にとって中国がきわめて重要な意味をもっていることは間違いありません。

そして、日本と中国の所得格差も、今後急速に縮まってゆくでしょう。これも、第1章で見たとおりです。

中国の経済成長率はなぜ高いのでしょうか？

第一は、「新興国の成長率が先進国より高いのは当然」ということです。

新興国成長の基本的要因は、農村人口が都市の工業やサービス業に移動することです。その結果、農業の比率が低下し、製造業やサービス業の比率が高まります。次項で見るように製造業やサービス業の生産性は農業より高いので、経済全体は高成長します。

１９５０年代から60年代の日本の高度成長も、基本的にはそうした要因によって実現しました。同じことが中国に起きたのです。

第１章で、日本と中国について、ＧＤＰや一人当たりＧＤＰの比較を行ないました。

将来においては、一人当たりＧＤＰが日本と同水準になることも考えられます。仮に一人当たりＧＤＰにおける日本の成長率が１％で中国が９％であるとすれば、31年後にはそうなります。

中国の経済規模は、現在はまだアメリカより小さいのですが、２０３０年にはほぼ同規模になると予測されています。

つまり、30年頃の世界は、アメリカと中国という突出して規模が大きい２つの経済大国と、ＥＵやその他アジアなどの「その他」によって構成されることになると考えられます。

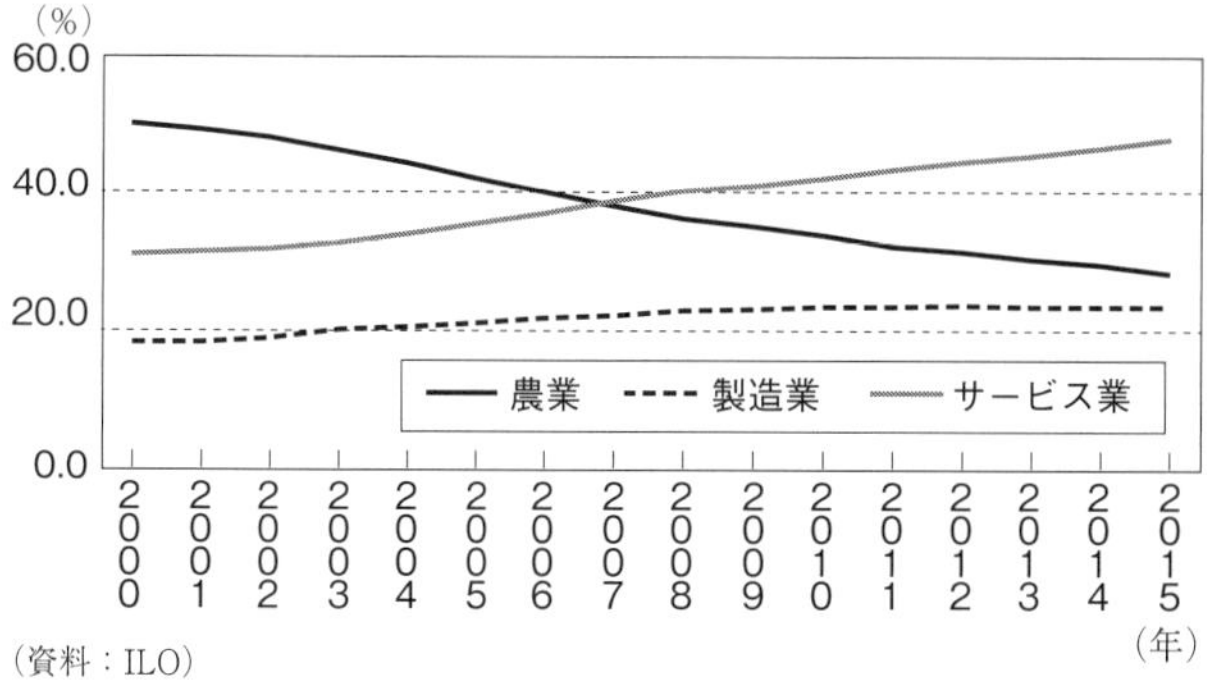

（資料：ILO）

図表6-2　中国における産業別就業者の比率

産業構造の変化

中国における産業別就業者の比率は、図表6―2に示すように、急速に変化しています。

農業の比率は、2000年には50・3％もありましたが、その後急速に低下し、15年には28・9％になっています。ILO（国際労働機関）は、この比率が2021年には24・0％まで低下すると推計しています。

サービス業の比率は、農業とは対照的に上昇しています。00年には30・9％であったものが、15年には47・3％にまで上昇しています。00年と比べると、農業とサービス業の比率がちょうど入れ替わったような姿になっています。

製造業の比率は徐々に上昇しています。00年には18・8％であったものが、15年には23・7％になって

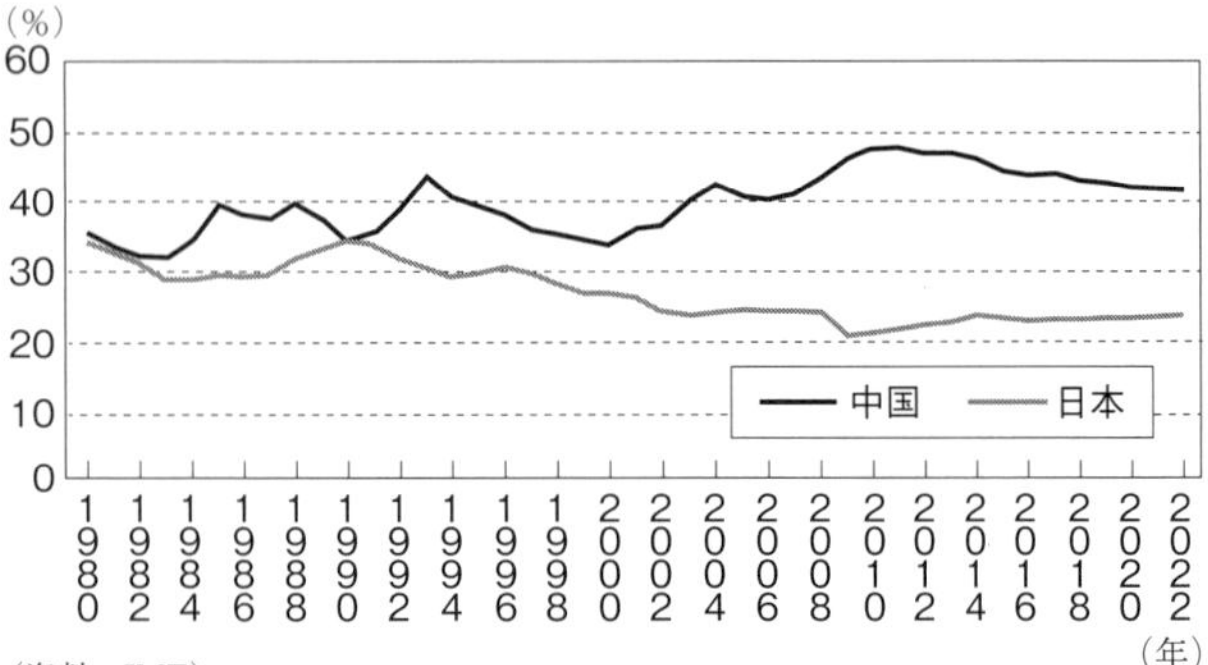

図表6-3　GDPに占める総投資の比率

います。

なお、農林水産省の資料によれば、中国のGDPにおける農林水産業の比率は、2015年で9・1%（日本は1・2%）となっています。したがって、就業者一人当たりのGDPでは、農業は、経済平均の約3分の1でしかないということになります。

投資主導経済

中国の高成長は、投資支出にリードされたものでもありました。

図表6―3に見るように、GDPに占める総投資の割合は、2003年以降、継続して40%を超えています。日本でも、1970年代に総投資がGDPの40%に近くなった時期があったのですが、高度成長期を通じて大部分の年で30%台前半でした。

これと比較して、中国経済の投資依存ぶりは、明白です。

投資依存は、リーマンショック後に行なわれた4兆元（約67兆円）の緊急経済対策でピークに達しました。公共事業が拡大され、金融も緩和されました。また、地方政府による不動産開発も行なわれました。ただし、これによって、現在に至るまで企業の債務比率が高いという後遺症が残っています。

2　中国の経済成長は続くか？

中国の賃金上昇

中国は、これまで急成長してきました。しかし、将来を見た場合、いくつかの問題があります。

第1は、賃金上昇です。

中国における賃金上昇は顕著です。内閣府『世界経済の潮流　2012年　I』によると、2007年から08年頃の名目平均賃金上昇率は、18％程度という高い水準でした。リーマンショック後に10％近くまで落ち込みましたが、11年には再び15％近い水準にまで上昇しました。

こうした賃金上昇は、中国経済が「ルイスの転換点」を迎えたためだと言われます。これは、工業化の進展によって、農業部門の余剰労働力が底をついた状態のことです。実際、09年以降、中国では、農民工（出稼ぎ労働者）を募集してもなかなか集まらない「民工荒」（労働者不足）現象が生じていると言われました。ただし、この背景には、工業化の進展だけでなく、一人っ子政策の影響で、高齢化と少子化が中国において深刻な問題になっているという事情もあります。

労働過剰性が本当に消滅したか否かを検証するため、内閣府『世界経済の潮流　2013年　Ⅱ』は、つぎのような分析を行なっています。

都市部における実質賃金上昇率を見ると、1990年代までは経済成長率を下回っていました（実質GDP成長率は10％程度でしたが、実質平均賃金上昇率は5％程度でした）。ところが、00年代初頭には、実質賃金の伸び率が15％程度に上昇し、経済成長率を上回るようになりました。05年頃からは、実質賃金の伸び率は10％程度であり、ほぼ実質GDPの伸び率と同水準になっています。したがって、00年頃以降、労働需給が過剰から不足にシフトしたと解釈することができます。

その後の状況を日本貿易振興機構（ジェトロ）、「アジア・オセアニア進出日系企業実態調査」（2016年度調査）で見ますと、中国に進出している日系企業の賃金上昇率は、12

年までは年率10%を超えていましたが、その後低下し、17年では5・7%（見込み）になっています。

16年における中国の賃金水準（基本給・月額、製造業・作業員）は428ドルです。これはすでにマレーシアの345ドルやフィリピンの238ドルより高くなっています。そして、ベトナム204ドルの倍以上、ミャンマー124ドルの3倍以上の水準です。ただし、台湾の1051ドルに比べると半分以下ですし、韓国の1935ドル、香港の1962ドルと比べると、まだかなり低い水準です。

本質的な問題は一党独裁体制

中国が抱える最も基本的な問題は、一党独裁体制です。政治的自由の欠如や政治的な非民主性は、市場経済の基本原則と矛盾します。

市場経済が支障なく機能する前提は、一党独裁や専制政治がなく、個人の自由な選択が保障されていることです。そうした保障がない状態で市場経済を形だけ導入し、経済成長が実現したとしても、見かけだけの豊かさがもたらされたにすぎません。

中国では、市場経済が機能するための基本的前提は満たされていません。中国国民は、自国政府が何をしているかについての正確な情報から遮断されています。そのような社会は、どこかの段階で、解決することができない本質的な困難、とりわけ、市場経済と共産党一党独裁体制が本来矛盾するものであることや、自由な政治的意見の表明が難しいことなどの問題に撞着するはずです。

中国が共産党一党独裁体制のままで今後の経済発展を進められるか否かは、明らかでありません。民主的な政治システムの確立は、今後の発展のために不可欠の条件です。

中国は、一国二制度などを巧みに使い、かつ建前と本音を使い分けて、市場経済の利点を享受しています。しかし、この方式をいつまで続けられるかは疑問です。

このほかにも、一人っ子政策に伴う労働力の減少や高齢化の問題、新疆ウイグル自治区での少数民族の問題などがあります。

3　成長目覚ましい中国のグローバル企業

依然として高い国有企業の比重

本章の1で述べたように国営企業改革が行なわれたものの、中国経済の基幹部門・戦略部門は、依然として公的企業によって担われています。

公的企業の中でもとりわけ重要なのが、国有企業です。中国の大企業のほとんどは国有企業です。

政府が戦略産業と見なしている分野は、国有企業によって独占、ないしはほぼ独占されています。

通信サービスは、中国電信、中国移動、中国聯合網絡通信によって独占されています。石油・天然ガスは、中国石油化工（シノペック）、中国石油天然気集団（CNPC。なお、ペトロチャイナは、この子会社）、中国海洋石油によってほぼ独占されています。

このほか、自動車製造、送電、建設、運輸、鉄鋼、金属の各分野が国有企業によって支配されています。

これらの企業は独占利潤を享受しており、本当に生産性が高いのかどうかは疑問です。

自由化されている消費財部門

消費財部門の自由化は、所有権の自由度（外国企業の出資の自由度）においても、また製品市場の自由度（製品製造と販売における政府の規制からの自由度）においても、大きく進展しました。

それは、中国政府がこの分野を戦略的に重要と見なさなかったからです。以下に述べるように、この分野にきわめて多数の民間企業が誕生し、結果的に経済全体の活性化に大きな役割を果たしました。

家電分野には、海爾集団（ハイアールグループ）があります。1984年に青島市から青島冷蔵庫本工場という倒産寸前の集団所有制企業に派遣された現CEOの張端敏が設立しました。2012年に旧三洋電機の白物家電部門を吸収したので、日本でも広く知られるようになりました。

冷蔵庫や洗濯機などの白物家電、テレビ、エアコン、PCなどを世界165ヵ国以上で生産・販売しています。冷蔵庫と洗濯機のブランドマーケットシェアは世界第1位です。

以上の他にも、世界を相手に活躍するグローバル企業が、中国で続々と誕生しています。エレクトロニクス分野では、聯想集団（レノボグループ：PC。なお、本社はアメリカと北京）などがあります。

三一重工や華為技術

三一重工（サニー）は、コンクリートポンプ車では世界最大、建設機械メーカーとしては中国第2位です。世界市場で、コマツやキャタピラーに並ぶ存在です。

同社は、国有企業を飛び出した4人が1989年に設立した溶接材料工場が前身。従業員数は6万を超え、110あまりの国と地域に製品を輸出しています。同グループの会長・梁穏根は、農家の出で、いまでは中国屈指の大富豪として知られます。

華為技術（ファーウェイ）は88年に設立された通信機器のハイテク企業。従業員は約14万人です。

中国電信、中国移動などの中国企業だけでなく、ブリティッシュ・テレコム、ドイツ・テレコムなどを顧客に持っています。日本の高速通信用携帯無線ルーターも、ほとんどが同社製です。

CEOの任正非は、中国人民解放軍の元幹部技術者。解放軍の仲間6人とともに創業しました。彼の資産は10億ドル程度と見られ、フォーブスのランキングにも何度か名を連ねました。

自動車生産では民族系メーカーが誕生

自動車も、もともとは、国有企業が生産を行なっていました。なかでも大きいのが、第一汽車（53年に設立）、東風汽車（1969年に設立）、上海汽車（上海汽車装配廠が58年に「鳳凰」を開発したことから始まる）です。

中国では原則として外資単独での自動車産業進出は認められておらず、合弁になります。これは、自動車が戦略産業であるため、外資の支配を許さず、同時に中国への技術移転を促すという中国政府の方針によります。

民族系メーカーのなかでとくに注目すべきなのは、奇瑞汽車（Chery Automobile）と吉利汽車（Geely Automobile）です。

吉利は86年に冷蔵庫の製造企業として設立されました。92年にバイクの製造を開始し、97年に自動車の生産を始めました。

奇瑞は地方政府が所有する企業ですが、中央政府所有の企業とは性格が大きく異なります。自動車生産を始めたのは、２０００年です。

両社ともそれまで自動車生産の経験がまったくなく、品質劣悪と批判されながら成長し、いまや国際市場で戦える力をつけました。

さらに注目すべきは、比亜迪汽車（BYD Auto）です（これは、Build Your Dreams の頭文字を取ったもの）。同社は、パソコンや携帯電話用リチウムイオン電池の製造・販売会社であるＢＹＤ社が、03年に年産2万台規模の自動車メーカーを買収して設立した会社です。ＢＹＤ創業者の王伝福は、「中国の本田宗一郎」と呼ばれます。

「安い粗悪品」だけではない

日本人は、「中国製」と聞くと、１００円ショップに並ぶ雑貨品を思い出し、低賃金の労働者をこき使う工場で作られた「安い粗悪品」というイメージを持ちます。

そうした面がいまでもあることは否定できません。賃金も、上昇しつつあるとはいえ、先進国の水準とは大きな差があります。

20年前であれば、それが中国の一般的な姿でした。しかし、そうした状況は急速に変わっているのです。

中国は世界の工場としての地位を確立しましたが、それは低賃金だけによるのではありません。アップルがフォックスコンを最終組み立て工場としているのは、中級技術者の厚い層が存在し、また部品などのサプライチェーンがあるからです。こうした分野で、日本はすでに追いつかれ、追い越されつつあることを、われわれは知る必要があります。

4 躍進目覚ましい中国のIT産業

中国ITを牽引する「BAT」

インターネット関連では、中国には多数のベンチャー企業があります。

それらのうちには、成長してすでに世界的な大企業になっているものもあります。

中国のIT産業を支配しているBaidu（百度、バイドゥ）、Alibaba（阿里巴巴、アリババ）、

Tencent（騰訊、テンセント）はよく知られています。これら3社は、それぞれの頭文字をとって「ＢＡＴ」と呼ばれます。

バイドゥは検索とＡＩ技術、アリババはＥコマース、テンセントはソーシャル・ネットワーキング・サービスです。

阿里巴巴集団（アリババグループ：Ｅコマース）は、２０１４年9月にニューヨーク証券取引所でＩＰＯを果たしました。

もとは英語の教師だった創始者で会長の馬雲（ジャック・マー）は、中国第1位、世界第30位の金持ちです。

アメリカ株のランキングとして、アリババは4位（時価総額４６３億ドル）、バイドゥは93位（同91億ドル）です。

日本で時価総額が最大であるトヨタ自動車が38位で時価総額が１８４億ドルであることと比較すると、ＢＡＴ企業（とくにアリババ）の価値の高さが分かります。

もはや、モノマネではない

ＢＡＴ企業成長の背後に、中国政府がインターネットを外国から遮断して独自の国内マーケットを作ったこと、中国の人口が巨大であるために国内マーケットが巨大であること、という事情があるのは間違いありません。

そして、ＢＡＴがこれまで提供してきたのは、アメリカで始まった新しいビジネスモデルのクローンでしかありませんでした。アリババはeBayやアマゾンの、テンセントはフェイスブックの、そしてバイドゥはグーグルの、それぞれ中国版だったのです。

しかし、最近では、単なる模倣とは言えない状況になっています。新しいサービスが次々と誕生し、それが急速に市民生活に浸透して、中国社会を変えつつあります。

アリペイという電子マネーは中国で普及しており、東南アジアにも進出しています。日本では伝統的な銀行のＡＴＭのシステムが普及しているため電子マネーに対する需要がなく、したがってこういう分野が立ち遅れたという事情もあります。これは「リープフロッグ」（蛙跳び）と呼ばれる現象です。

いまでは、中国の電子マネーは、顔認証などのＡＩを用いる技術に進化しつつあり、世界最先端のものになっています。

また、ビッグデータを活用できる点でも、ＢＡＴは有利な立場にあります。ビッグデータは、ＡＩの発展には不可欠です。ＡＩを用いた自動車の自動運転が近い将来に可能になることを考えると、このことの意味は、きわめて大きいといえます。

日本が伝統的な製造業の「モノづくり」にこだわっている間に、中国がこうした最先端分野において、すでに日本より遥かに進んだ状態になっていることに注意が必要です。

巨大な大型商業銀行

中国では、急速に成長してきた製造業やＩＴ産業と比べると、金融部門の遅れが目立ちます。

中国の産業資金供給では、銀行による間接金融が重要な役割を果たしています。株式市場や債券市場を通じての資金供給はさほど多くありません。この点で、日本と似ています。直接的な金融市場が発達せず間接金融に偏っているのは、後れて発展した国の特徴です。間接金融では、資金配分にマーケットメカニズムがうまく働かないという問題があります。

金融業では、１９９０年代の初めから現在までの間に、自由化が進みました。しかし、中国工商銀行、中国農業銀行、中国建設銀行、中国銀行の「４大国有商業銀行」が、依然として中国の金融業全体の中でずばぬけて大きなシェアを持っています。

銀行の株式時価総額の世界ランキングを見ると、中国工商銀行、中国建設銀行が１、２位を占めます。中国農業銀行、中国銀行もトップ10に入ります。２０１７年末時点での時価総額は、つぎのとおりです。中国工商銀行３２６５億ドル、中国建設銀行２３２７億ドル、中国農業銀行1872億ドル、中国銀行1695億ドル。これらの数字を、三菱UFJフィナンシャル・グループ1029億ドルと比べると、中国の銀行の時価総額の大きさがよく分かります。日本の銀行はいまや世界トップ10には入りません。

貸出規模ではそう大きくないにもかかわらず時価総額が大きくなるのは、金利規制によって利ザヤが確保されており、その結果、利益が確保されているからです。

ただし、現在の体制には問題があります。最大の問題は、国の直接的支配下にあるため、効率化が進まないことです。

なお、中国の銀行セクターには、このほかに、株式制商業銀行、都市商業銀行、農村商業銀行などがあります。また、ノンバンク金融機関が設立したものや企業集団が設立したものなど、中国特有の金融持ち株会社があります。こうした仕組みが不良債権の温床になっている面もあります。

5　中国の対外戦略

一帯一路構想

中国が「一帯一路構想」によって、東南アジアからヨーロッパに至る広大な地域において経済的覇権を握ろうとしていることは、しばしば報道されます。２０１３年に習近平国家主席が提唱し、14年11月に中国で開催された「アジア太平洋経済協力（ＡＰＥＣ）首脳会議」において、各国にアピールされました。

これは、政府が主導する側面が大きい政策で、中国を起点にヨーロッパへ向けて陸路や海路でインフラ整備を進め、巨大な経済圏を構築する構想です。「シルクロード経済帯」（一帯）と、「21世紀海上シルクロード」（一路）からなります。

経済圏に含まれる国は約70ヵ国で、総人口は約45億人。これは、世界総人口の約6割に相当します。

中国はこの実現に向けて、すでに積極的な外交活動を行なっています。このような状況が続けば、中国がアジア諸国を支配することになり、日本がユーラシア大陸から経済的に切り離されてしまう危険があります。

AIIB（アジアインフラ投資銀行）

中国が主導する国際金融機関AIIB（アジアインフラ投資銀行）は、2013年秋に提唱され、2015年12月に発足。2016年1月に開業式典を行ないました。

資本金1000億ドルのうち、中国が29・8％を拠出。インド8・4％、ロシア6・5％、ドイツ4・5％がそれに続く出資比率です。重要事項の決定は75％以上の賛成が必要となるため、中国が単独で拒否権を握ったことになります。

日本、アメリカ合衆国などは、AIIBが中国に支配されている状況を嫌って、現時点で参加を見送っています。

AIIBの活動が始まれば、東南アジアにおける中国の影響が強まるだけでなく、ヨーロッパとの関係が強化されることに注意が必要です。こうした問題に対して、日本は、長期的な戦略を持って対処していかなければなりません。

6　中国の人材

中国「八〇後世代」は高学歴

中国では、文化大革命の影響で若者の教育が遅れたため、人材の質の面で劣っていました。

ところが、「八〇後」(バーリンホー)と呼ばれる世代の中国人は、文革世代とはまったく別人種の、極めて優秀な人材です。

この世代は、1979年から始まった「一人っ子政策」の時代に生まれたため、「我儘で自己中心的。公共意識に欠ける」と否定的に評価されることがあります。

しかし、彼らは、中国の歴史上で初めて高等教育を広範に受けた世代です。しかも、中国が急速に経済成長する過程を見ながら育ってきたので、強い上昇意欲があり、猛烈に勉強しています。八〇後世代の影響力は、すでに中国に顕著に現れています。

基礎研究分野で中国が大躍進

基礎研究の分野でも、日中逆転現象が生じています。これは、日本と中国の論文数の推移に明瞭に現れています。

1990年代には、日本の論文数は高い増加率で伸びました。しかし、2000年代になって増加率は低下し、世界平均を大きく下回るようになりました。ところが、この間に中国の論文数は大幅に増加したのです。

科学技術・学術政策研究所「科学研究のベンチマーキング - 論文分析でみる世界の研究活動の変化と日本の状況」によると、つぎのとおりです。

全分野の論文数を見ると、87—89年平均では、日本が4万0990に対して中国は6742であり、比較にならないほど日本が多かったのです。しかし、2007—09年平均では、中国10万4157に対して日本6万9300となっており、中国が上になりました。

八〇後世代の実力が、ようやく目に見える形で現れてきたのです。

最近の状況を見ると、つぎのとおりです。13—15年の平均では、中国が25万0412で、アメリカの34万7171に次ぐ世界第2位になっています。日本は7万7203で世界第5位です。

03—05年に対する増加率で見ると、中国は325%で、他国を断然引き離しています。問題は、日本の増加率がマイナス6%になってしまっていることです。

大学ランキングでも中国が躍進

大学ランキングでも同様の傾向が見られます。『タイムズ・ハイヤー・エデュケーション』（THE）の「世界大学ランキング2018」によると、上位200校に入った大学は、中国（香港を除く）が7校となりました。中国のトップは北京大学で、世界ランキングで27位、2番の清華大学が30位でした。

日本でトップ200に入ったのは、東京大学、京都大学の2大学のみでした。世界ランキングは、東京大学が過去最低の46位、京都大学は74位です。

コンピュータサイエンスなどの最先端分野においては、中国の躍進ぶりはもっと顕著です。アメリカのメディア*U.S. News & World Report*が作成するBest Global Universities for Computer Science（コンピュータサイエンスでの世界最優秀大学）によると、17年において世界100位までに、中国の17の大学がランクインしています。このうち、清華大学が世界一です。

それに対して、日本では、東京大学1校のみで、しかも、91位です。

1990年代に、世界市場において日本の製造業は、中国製品によって駆逐され始めました。その結果、日本の市場シェアが低下しました。これは単純労働が増えたことの結果です。いま起こっているのは、高度知識労働の分野における変化です。

とくに重要なのは、本章の4で述べたＩＴ産業です。場合によっては、中国のフィンテックが日本の金融業に大きな影響を与える可能性があります。たとえば、中国の電子マネーが日本に進出して広く使われるようになれば、日本の送金決済システムを中国の企業に握られてしまうということになるでしょう。われわれは、これを真剣に受け止める必要があります。

第7章　アジアNIESとASEANの経済

1　アジアＮＩＥＳの発展

ＮＩＥＳとは

１９７０年代、石油ショック後に世界経済が低成長に落ち込んだ中で、韓国、台湾、香港、シンガポールが急速な経済成長を実現しました。これらの国（あるいは地域：以下同様）は、アジアの新興工業経済地域（NIES: Newly Industrializing Economies。あるいは、新興工業国 NICS: Newly Industrializing Countries）と呼ばれます。

経済的後進国が先進国にキャッチアップし、農業社会が工業化・都市化してゆく過程では、経済成長率は高くなります。工業化に必要な技術はすでに開発されており、その使い方については先進国というモデルが現実に存在するので、それを真似るだけでよいからです。将来どうなるかを予測することも容易ですから、産業構造転換のスピードは必然的に速くなるのです。

こうして、50年代後半からの日本経済の急成長に続いて、70年代からのＮＩＥＳ、80年代後半からはＡＳＥＡＮ（後述）、90年代からの中国の工業化と、高度成長が連鎖的に実現したのです。

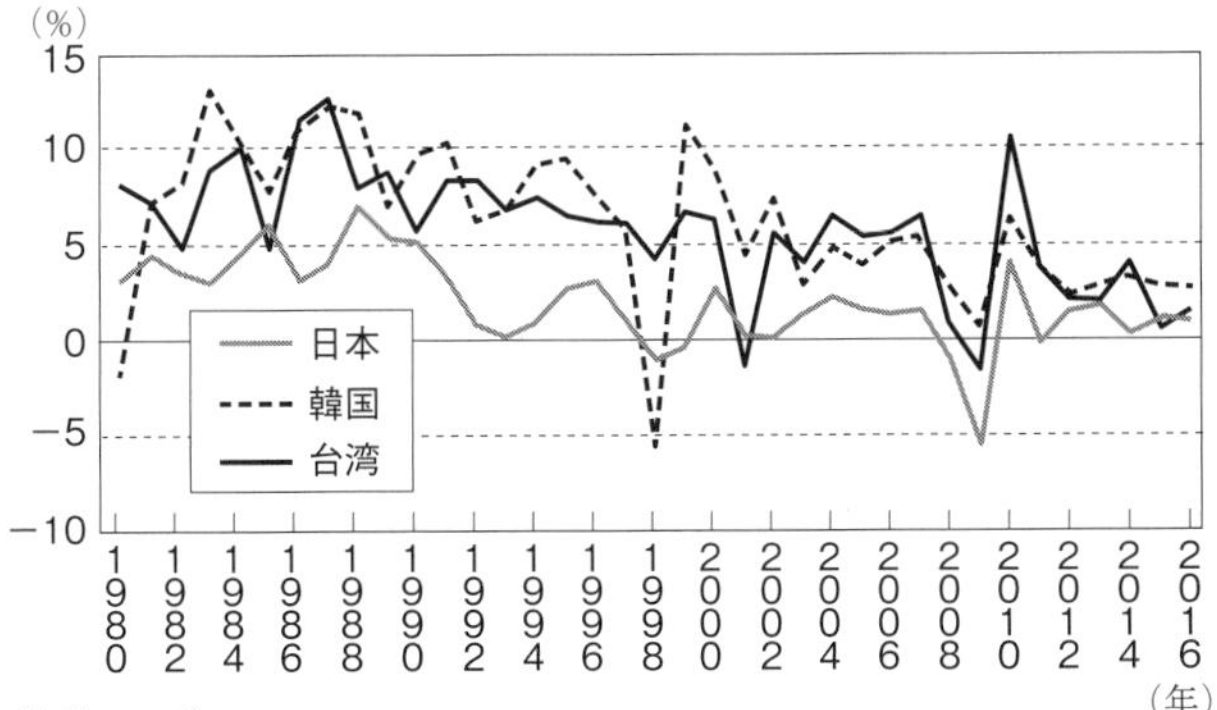

(資料:IMF)

図表7-1　1980年代以降の日本、韓国、台湾の実質成長率

1980年代、NIESに日本が押される

図表7―1は、1980年代以降の実質成長率を示したものです(図には香港、シンガポールを示していませんが、韓国、台湾と同程度の成長率です)。

日本の実質成長率は、高度成長期には年率10%程度でしたが、80年代になると5%程度に低下しました。この時、韓国・台湾の実質成長率が10%程度になったことが、図表7―1でわかります。

90年代の末に、アジア通貨危機が生じました。これは、アメリカのヘッジファンドなどによる通貨の空売りによって引き起こされたアジア各国の急激な通貨下落現象です。97年7月のタイ通貨危機から始まり、アジア各国に波及しました。タイ、インドネシア、韓国の経済は大きな打撃を受け、IMF管理下に入りました。

98年には、日本を含む諸国の経済成長率が落ち込みました。とりわけ韓国では、前年比マイナス5・5％と、大きく落ち込みました。

しかし、NIES諸国の経済成長率はその後急速に回復し、90年代に日本の実質成長率が2％程度の時、韓国、台湾は7％程度の実質成長率を維持しました。

リーマンショック以後、日本の実質成長率はゼロに近づきましたが、韓国、台湾は3％程度の実質成長率を維持しました。

一般に、80年代は日本の黄金時代と考えられています。しかし、企業の利益率は、それまでより低下したことに注意が必要です。

こうなった最大の理由は、高度成長期を通じて日本の賃金率が上昇し、欧米先進国との間で賃金格差が縮まったことにあります。しかし、それだけでなく、アジア新興工業国が成長し、日本の競争相手として登場したことの影響も大きかったのです。

70年代から80年代にかけては、日本の製造業に押されてアメリカの製造業が衰退したのですが、それと同じことが、80年代以降、日本の製造業とアジア新興国の製造業の間で生じたのです。

半導体産業での韓国企業の躍進

１９８０年代の末、日本の半導体産業は世界を制覇していました。ＮＥＣ、東芝、日立のトップ3社で世界の3割を生産していたのです。

日本が覇権を握っていた頃の主力製品はＤＲＡＭ（記憶素子）でしたが、これは大型コンピュータ向けのもので、信頼性の高い製品が求められました。ところが、90年代になって、ＰＣ用のＤＲＡＭの需要が増加しました。これは、大型コンピュータ用ほどの信頼性は要求されないかわりに、低価格が求められる製品です。

たまたまこの頃にアジア新興国が台頭し、安い賃金で安い製品を供給するようになったのです。韓国のサムスン電子は、それに加えて、巨額の設備投資によって製造単価を引き下げました。こうして、半導体競争において、日本は敗れました。

なお、新興国メーカーが伸びたのは、為替レートが過小評価されていたことによる影響もあります。

アジア通貨危機で韓国が変身

アジア通貨危機によって、韓国は大きく変わりました。

一つは、韓国の若い人材のグローバルな進出です。アジア通貨危機で「国には頼れない」と考えるようになった韓国の若者は、積極的に世界に活躍の場を求めるようになったのです。

もう一つは、高等教育機関の整備です。ポスコ（旧浦項総合製鉄）が作った浦項工科大学（POSTECH）は、世界工学部ランキングで、東大を抜きました。一民間企業が作った大学が、１００年以上の伝統を持つ東大を抜いたのです。

なお、韓国の製造業の構造は、日本のそれとよく似ています。テレビ生産において、シャープやパナソニックは、パネルもモジュールも生産する「垂直統合型」だったのですが、韓国のサムスン電子やＬＧ電子もそうです。それを考えると、水平分業の世界で韓国が生き延びていけるかどうかは疑問です。

台湾で成長するＥＭＳとＯＥＭ

１９８０年代、台湾はＯＥＭやＥＭＳによって成長しました。

ＯＥＭとは、相手先のブランドで生産を請け負うメーカー、あるいは、そうした生産方式を指します。また、ＥＭＳとは、電子機器の受託生産を行なうメーカーや方式を指します。このうち、半導体の受託生産をファウンドリー・サービス（Foundry Service）と呼んでいます。

ＥＭＳの典型例は、アップルのiPhoneやiPadなどをフォックスコンが生産しているケースです。同社は、EMSの世界最大手である台湾のホンハイの中核子会社です。

EMSでは、自社ブランドでの生産は行ないません。複数のメーカーから受託して、電子機器の量産を行なうのです。製品の設計を受注先に代わって行なったり、資材の決定を行なうケースもあります。

発注側から見ると、工場設備を持たず、製造要員のコストを掛けずに、デザイン、設計、マーケティングなどに集中できるという利点があります。こうした企業を、ファブレス企業といいます。アップルはその典型です。

OEM企業は相手先ブランドによって販売を行ない、自らは電子機器の設計と量産に特化します。

半導体LSIのファウンドリーでは、台湾積体電路製造（TSMC、世界最大手）、聯華電子（UMC、世界2位）などがよく知られています。

液晶パネルを生産するファウンドリーとしては、台湾の友達光電（AUO、AUオプトロニクス）や奇美電子（チーメイ・イノラックス、現在は群創光電）などがあります。

日本のメーカーがまったく見逃していたのは、これらの台湾メーカーが液晶パネルの大増産を始め、ファブレス化が可能になっていたことです。「日本メーカーは高い技術を持っている」と言われたのですが、実際には、薄型テレビはどのメーカーの製品でも大差はなく、価格だけの競争になっていました。要するに「コモディティ化（商品を差別化できる特性がなく、価格競争によってしか生き残れなくなること）」したのです。

世界競争力ランキングで首位が香港、3位がシンガポール

第1章の3で見たように、スイスのビジネススクールIMDの世界競争力センターが作成する「世界競争力ランキング（World Competitiveness Ranking）」の2017年版では、首位が香港で、3位がシンガポールでした。日本は、26位に留まっています。

「香港、シンガポールが日本より上」というのは、日本人にはショッキングでしょう。日本の製造業の経営者はこれまで、「技術は強いが、円高や法人税が問題」と言っていました。しかし、日本の技術力そのものに疑念があるわけです。

「香港、シンガポールが日本より上」というのは、日本人の感覚では、なかなか理解できません。

香港は、「ホンコンフラワー」（香港産のプラスチック製の造花）という名から想像されるような雑貨品の生産地だと思っています。証券取引所で日本がシンガポールに抜かれたことは日本でも多くの人が認めますが、技術で後れをとっていると考えている人はあまりいません。

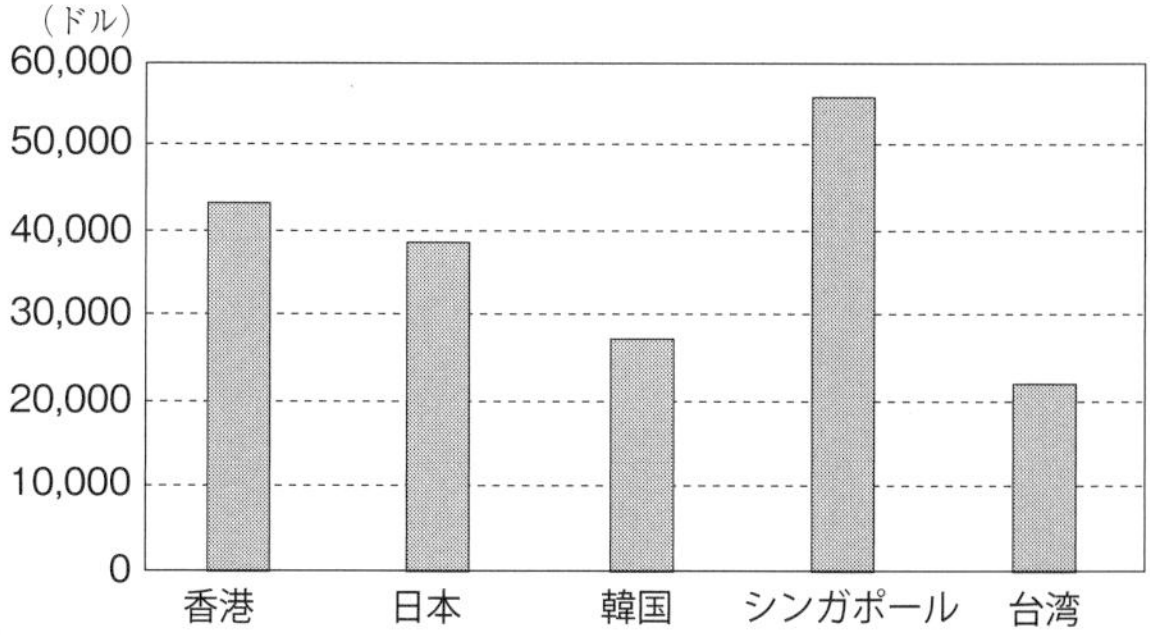

（資料：IMF）

図表7-2　日本とアジアNIESの一人当たりGDP（2016年）

こう考える理由は、日本人の評価の基礎に、「自動車産業、製鉄業、高速鉄道などがない国は、産業国家といえない。一流の産業国とは、それに加えて飛行機や宇宙ロケットを生産できる国」との考えがあるからです。この基準に照らして言えば、シンガポールや香港は論外です。

しかし、実は、自動車産業や製鉄業があることが問題なのです。

1990年代に世界は大きく変化しました。技術の性格が変わり、ITが重要になったのです。製鉄や電機製造は、新興国でもできる活動になりました。この大変化に、日本はついていけなかったのです。

図表7―2は、16年における一人当たりGDPを示したものです。

シンガポールは日本より41・7％高く、香港は11・6％高くなっています。これらの国は、もはや新興「工業国」ではなく、金融やITなどにおいて世界の最先端を行く国になっているのです。

2 「チャイナリスク」と東南アジア

ASEAN諸国

ASEAN（東南アジア諸国連合）は、タイ・インドネシア・シンガポール・フィリピン・マレーシアの5ヵ国が加盟して1967年に設立されました。その後、ブルネイ・ベトナム・ミャンマー・ラオス・カンボジアが加盟し、現在は10ヵ国で構成されています。2015年に共同体となりました。

ASEAN諸国は高い経済成長を示しており、世界各国から注目されています。ASEAN5ヵ国の実質GDPの成長率を見ますと、2002年から08年までは5％を超えていました。リーマンショックによって09年の成長率は低下しましたが、すぐに回復し、現在に至るまでほぼ5％の成長率を実現しています。

域内総人口は14年で6億を超えており、EUの約5億人を超えています。

日本企業は、中国と並んでASEAN諸国にも現地法人を設立して、経済活動を行なっ

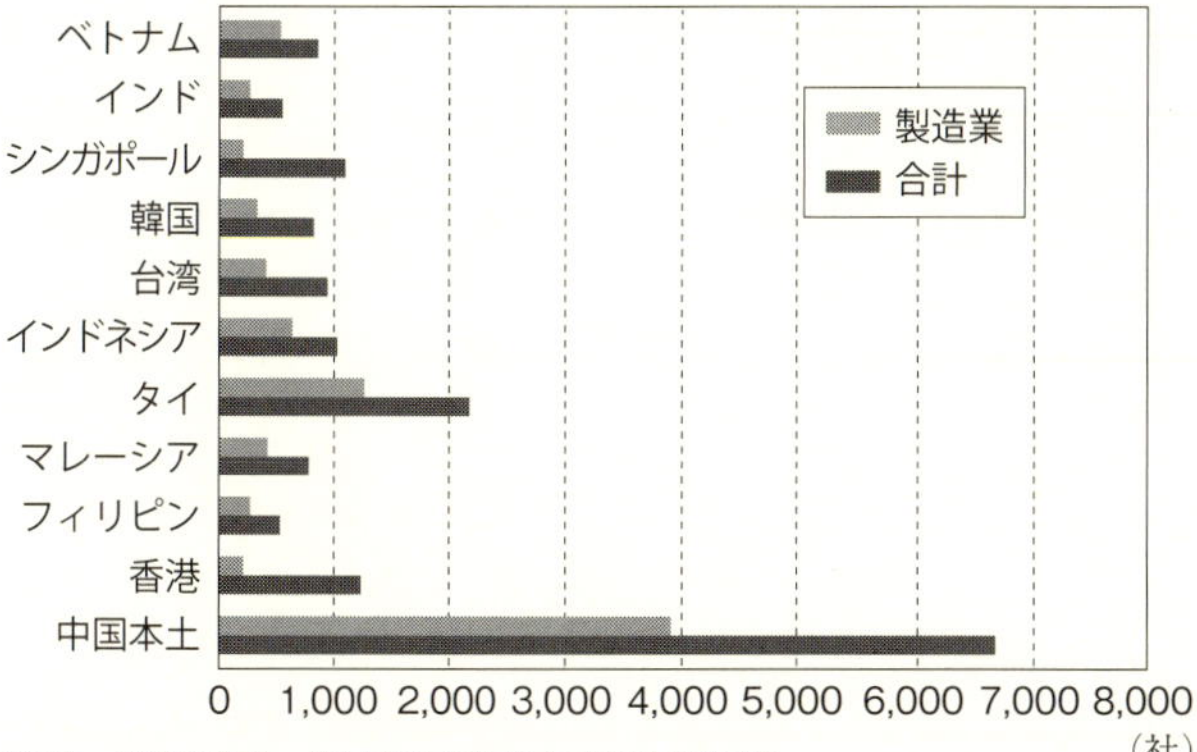

（資料：経済産業省、海外事業活動基本調査結果概要）

図表7-3　日本企業のアジアにおける現地法人企業数（2016年）

ています。

図表7―3は、日本企業のアジアにおける現地法人企業数を、国別に見たものです。

中国本土が、合計でも製造業でも圧倒的に多くなっています。

第2位はタイで、中国の3分の1程度です。製造業では、インドネシア、ベトナム、マレーシアがこれらに続いています。

香港、シンガポールは、合計では多くなっていますが、非製造業が多く、他のアジア諸国の場合とは異なる姿になっています。

東南アジア諸国でも、賃金上昇率は高い

人件費高騰のため、中国に工場を持つ多くの多国籍企業が、生産基地の中国外への移転を検討中と報じられています。中国生産の有利性はもう終

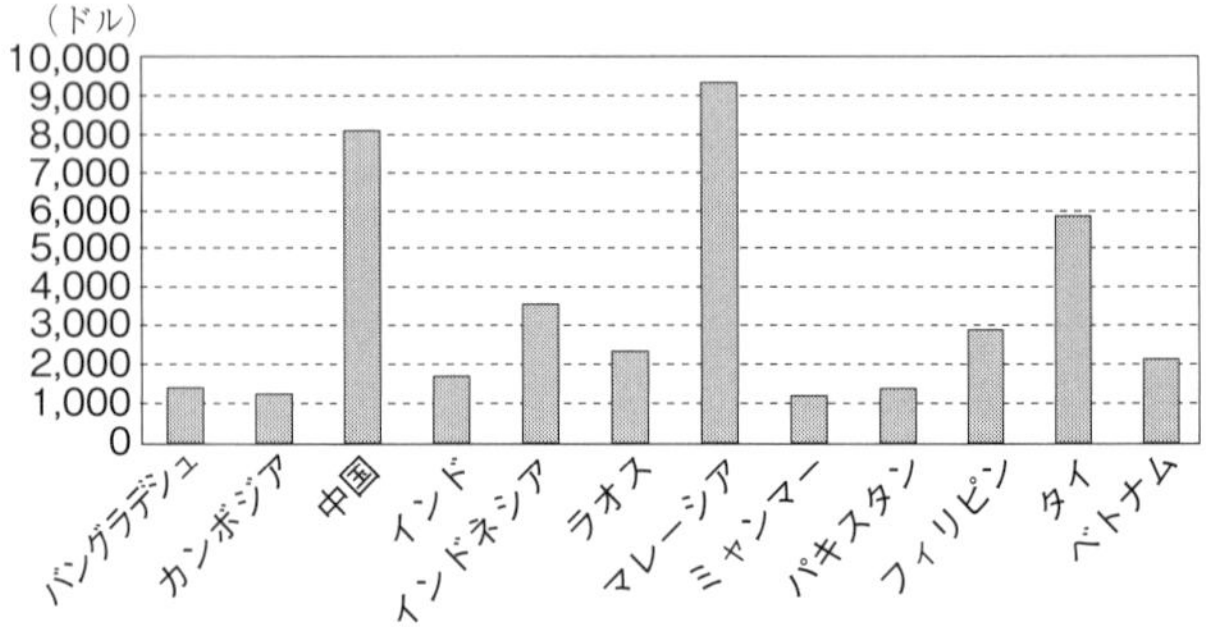

（資料：IMF）

図表7-4　アジア諸国の一人当たりGDP（2016年）

わりで、賃金がもっと低い他のアジア諸国に生産拠点を移したほうがよいというわけです。

つまり、「これからはインドやベトナムやミャンマーの時代だ」という考えです。

リスクの分散化と低減を図るため、投資やビジネスを中国一国に集中させない戦略は「チャイナ・プラス1」と言われてきましたが、中国での賃金上昇がそれを加速させる可能性もあります。

これに関連して、アジア諸国の豊かさの程度を見てみましょう。図表7―4は、アジア諸国の一人当たりGDP（2016年）を示したものです。

これまで日本企業が海外進出していた国のうち、中国、マレーシア、タイの一人当たりGDPは、5000ドルを超える高い値になっています。

それに対して、その他の大部分の国は、2000ドルから3000ドル程度と、日本の10分の1以下の水準です。

したがって、「これからの海外進出は中国以外の国になるだろう」という「チャイナリスク」の考えには一理あるように思えます。

確かに、中国にこれまでのような低賃金を期待し続けることはできないでしょう。ただし、問題はそれほど簡単ではありません。いくつかの点を考慮する必要があります。

第1は、アジア諸国においても、賃金の上昇率は高いということです。日本貿易振興機構（ジェトロ）の「アジア・オセアニア進出日系企業実態調査」（2017年12月）によると、2017年度から18年度にかけての製造業の日系企業の昇給率（見込み）は、ミャンマーの11・9％、カンボジアの10・3％、インドの9・9％、パキスタンの9・7％、バングラデシュの9・1％、スリランカの8・6％、インドネシアの8・5％、ベトナムの7・8％が、中国の6・0％を上回っています。

賃金以外の条件も重要

もう一つ注意すべきは、賃金は工場立地を決める条件の一つにすぎないということです。とりわけ重要なのは、労働者が勤勉かどうかです。賃金以外に、労働者の質や道路・港湾などの社会的インフラも重要です。

また、サプライチェーンの存在も重要です。

アップルがiPadの組み立てを中国のフォックスコン工場で行なうこととしたのは、必要な関連部品や素材を生産できるサプライチェーンが存在したからです。

また、単純労働者だけでなく、ミドルレベルの技術者を多数獲得できることも、重要な条件です。

したがって、中国で賃金が上昇しても、必ずしも工場を中国外に移すことにはなりません。中国内での対応が行なわれる場合も多いのです。沿海部から中国内陸部に移転したり、機械の導入によって労働生産性を上げるなどの方策です。

アジアの中間階層は日本の救世主になるのか？

「ボリュームゾーン」と呼ばれる中間所得層がアジアに成長しつつあるため、アジアの消費市場としての魅力は今後高まると言われたことがあります。

たしかに、アジア新興国市場が急拡大しています。こうしたことを背景として、「これからは新興国市場だ」との意見があります。

しかし、その方向のビジネスモデルが成功するとは思えません。「今後成長する市場が新興国である」のは間違いないのですが、それは、「日本企業がそこに参入するのがよい」ことを意味しないのです。「新興国市場が拡大する」ことと、「日本企業がそこで高収益をあげられること」とは、まったく別の問題です。

アジア消費者市場への参入が日本企業の救世主にならないと考える第1の理由は、他の先進国や新興国のメーカーがすでに参入しており、激しい競争が展開されていることです。

さらに大きな理由は、新興国で求められるのは、高品質の製品というよりは、低価格の製品であることです。したがって、新興国市場における競争は、品質面での競争ではなく、価格の競争になります。

ところが、日本の製造業は、低価格製品の生産において必ずしも比較優位を持っていません。「国内市場や先進国市場がだめになったから新興国」という発想には、比較優位の視点が欠落しています。このことは、半導体に関してすでに述べた通りです。

リープフロッグ

新興国や開発途上国で用いられている電子マネーの仕組みは、銀行を中心とする日本の決済制度より、ずっと優れています。

この現象は、第6章の4で触れた「リープフロッグ」(蛙跳び)と呼ばれるものです。

「Frog（カエル）がLeap（跳躍）する」という意味です。遅れて発展する社会や国家が、先進国が経験した段階を飛び越えて、一気に進展するのです。

リープフロッグの例として、中国における電話が挙げられます。中国の産業化は携帯電話の時代になって始まったため、固定電話の時代を飛び越えて、携帯電話の時代になったのです。

古くは、蒸気機関中心の技術体系から抜け出せなかったイギリスを飛び越えて、ドイツやアメリカが電気中心の技術体系に移行したことがあります。

これと類似の現象が、いまＩＴなどについても生じていると見ることができるでしょう。

第8章　ヨーロッパ経済とEU、ユーロ

1　EUとイギリスのEU離脱問題

EUの形成

ヨーロッパでは、EU（European Union：欧州連合）が基本的な仕組みです。経済的に見ると、EUは、関税同盟です。つまり、加盟国間で関税をかけず自由な貿易を行なう取り決めです。

しかし、EUはその前身組織の時代も含めて、単なる関税同盟を超えるものでした。EUの前身である欧州石炭鉄鋼共同体ECSC、欧州経済共同体EEC、欧州共同体ECなどが設立されたのは、ヨーロッパが2度にわたる世界大戦の戦場となった悲劇を繰り返さないためでした。設立の当初から、ヨーロッパに統一国家を作ることを最終的な目的にしていたのです。

そのため、EUは、議会、理事会、委員会などの組織を持ち、さらに、ヨーロッパ中央銀行（ECB）とユーロという共通通貨を持っています（ユーロについては後述）。加盟国は28ヵ国です。

なお、ヨーロッパの国家間においては、「シェンゲン協定」があります。これは、国境検査なしで国境を越えることを許可する協定です。

残留派と離脱派の主張

イギリスは、2016年6月に行なわれた国民投票で、EU離脱を決定しました。なぜでしょうか?

一般には、移民などに関する規制を逃れたいからだと言われます。ところで、規制は移民だけではありません。

EUは単一の市場であり、自由な経済活動が認められていると言われます。しかし、実際にはさまざまな規制が押し付けられます。EU離脱国民投票の際にイギリス商工会議所などが発表した資料によれば、10年以来にEUが導入した新しい法規制は3500にも及び、イギリスのビジネスに悪影響を与えているとされました。そして、EU規制のコストは、毎年76億ポンド(120億ドル)にも及ぶと指摘されました。

さらに、巨大な官僚組織ユーロクラットに対する人々の不満と反発もあります。高い給与を得、しかも税金がかからない。そして規制を押し付けてくる、というわけです。

貿易に関して、残留派は、EUに残れば、5億人の単一マーケットへのアクセスを維持でき、ゼロの関税でアクセスできるという利益を強調していました。

それに対して、離脱派は、ＥＵの外にいてもＥＵメンバー国と貿易できるし、無関税の取り決めをすればよいといいます。その半面で、離脱すればＥＵの法規制やＥＵ司法裁判所にわずらわされず、ＥＵ以外の国との自由貿易協定がやりやすくなるというわけです。

現在はＥＵ加盟国との間で国境もなく、パスポートもいりません。離脱すれば、これらが必要になります。

しかし、離脱派は、そうなっても通常の貿易を阻害することにはならないとしました。そして、非合法の移民や難民、あるいは密輸をコントロールできるメリットを強調します。

要するに、単一市場へのアクセスは今後の交渉で十分獲得可能であり、むしろ、ＥＵの規制から逃れることのメリットのほうが大きいというわけです。

なお、17年において、ＥＵ加盟国のＧＤＰ合計は17兆ドル、それに対してイギリスのＧＤＰは２・６兆ドル、ドイツは３・７兆ドル、フランスが２・６兆ドルとなっています。

金融活動に大きく影響する「パスポーティング」

金融はイギリス経済の重要なセクターです。後述のように、全就業者の約４％を雇用し、GDPの約8%を生み、税収の12%を占めます。国際収支にも重要な貢献をしています。

金融に関して問題となるのは、「パスポーティング」です。これは、EUに加盟している1ヵ国で免許を取得した業者は、新たな免許取得を必要とせずに加盟地域で金融商品・サービスを提供できるという措置です。

離脱すればこの権利がなくなるので、金融機関は大陸でビジネスをするために、支店をロンドンから大陸に移すだろうといいます。

しかし、金融機関がロンドンから逃げ出すことはないだろうとの意見もあります。なぜなら、イギリスはEUとパスポート協定を結ぶことができるからです。EUに所在する金融機関はロンドンで業務を行ないたいと考えるので、こうした協定に応じるでしょう。こうして、ロンドンの金融市場はさらに発展するだろうと考えます。

イギリス一国の問題ではない

イギリスの立場から望ましいのは、関税同盟の利益は享受しつつ、制約は拒否することです。

実際、イギリスは最初から共通通貨ユーロに加入していません。EUへの加盟も遅れました。イギリスがＥＵ離脱を望むのは、大陸との関税同盟から逃れたいと望んだからでなく、ＥＵという統一国家の規制から逃れたかったからです。

ユーロが導入されたとき、イギリスの金融業は衰退するだろうと言われました。しかし、実際には、ロンドンに資金が集中し、大陸の金融センターが衰退したのです。

イギリスの経済成長率は、大陸諸国より高く、失業率もイギリスが低くなっています。ユーロに参加しなかったイギリスのほうが、概して、ユーロ圏諸国より経済パフォーマンスが良好だったのです。

これからわかるのは、ＥＵのような経済統合がつねに望ましい結果をもたらすわけではないということです。

今回のイギリス離脱の最大のポイントは、「ＥＵという組織に重大な疑問がつきつけられた」ことです。

イギリス離脱に触発されて、スウェーデンとデンマークが続くのではないかと言われます。さらに、イタリア、フランス、オランダでも、国民投票を求める声が出ています。ベルギーが離脱する可能性も指摘されています。

ＥＵ離脱は、イギリスという特殊な一国に限定された問題ではないのです。

ＥＥＣやＥＵが、ヨーロッパの発展に寄与したのかどうかは、明らかでありません。共通通貨であるユーロの現状を見ると、失敗であったと評価すべきでしょう。とりわけ、後述するギリシャの問題やユーロ危機の問題を見ると、そう評価せざるを得ません。経済原則を軽視して政治的な理念を求めても、結局は失敗することの典型例と言えます。

イギリスは長い間ECと距離を置いてきました。イギリスのEU離脱は、よく言われるような「孤立化」ではなく、ブロックによる制約を逃れて自由でありたいとする動きでしょう。

EU共通税である付加価値税

付加価値税はEUの共通税とされています。税率は20％程度（北欧諸国では25％程度）です。

日本の消費税のモデルとなったヨーロッパの付加価値税は、取引の各段階で売上高に課税する「多段階売上税」です。

ところで、このままでは、「ある段階で課税され、後の段階で再び課税される」という「累積課税」が生じてしまいます。そこで、「仕入れに含まれている消費税額を納税額から控除する」という「前段階税額控除」が必要となります。これは、仕入れに含まれている消費税を控除することなので、「仕入れ税額控除」とも呼ばれます。

付加価値税では、このために「インボイス」を用います。これは、取引の各段階で売り手から買い手に引き渡される書類です。つまり、売上伝票のようなものです。ここに、販売額とともに、それに含まれる消費税額が記載されています。購入者は、売上額×消費税率から、インボイスに記載されている消費税額（仕入れ額×消費税率）を控除したものを納税額とします。

インボイスは、累積課税を解消するだけでなく、脱税を自動的に防ぐ機能も果たします。その理由は、つぎのとおりです。

消費税を納税しない事業者はインボイスを発行できないので、そこから購入した事業者は、仕入れに含まれる消費税額を控除できず、納税額が大きくなってしまいます。したがって、そうした事業者から購入することを避けます。このため、消費税を納税しない事業者は取引から排除されます。

付加価値税が現代的な税と評価されるのは、インボイスによって多段階の課税累積を回避できるからですが、それだけでなく、インボイスがあるために脱税が自動的に排除されるからです。

売上税は、それまでは「前近代的な税」と考えられていました。しかし、インボイスの導入ゆえに「現代的な売上税」と評価され、多くの国で採用されることとなったのです。

2　ユーロ圏とその問題点

ERMなどを経てユーロが導入された

第4章の2で述べたように、1970年代にブレトンウッズ体制が崩壊しました。その後、ヨーロッパでは、為替についていくつかの経過的な制度を採用しました。

1972年、欧州諸国の多くは、共同変動相場制の導入に合意し、欧州為替相場同盟(一定の幅の中を為替レートが変動するさまを時系列的なグラフに描いた時の形状から、「トンネルの中のヘビ」と呼ばれました)を発足させました。そして、79年から99年まで、「欧州通貨制度」(EMS)を導入しました。ここで採用されたのが、「為替相場メカニズム」(ERM)と呼ばれる半固定為替相場制です。これは、あらかじめ決められた変動幅を超えると、通貨当局が介入する仕組みです。変動幅は中心レートから上下2・25%でしたが、前年に続き93年に欧州通貨危機が再燃したため、15%に拡大されました。

そして、99年1月に決済用仮想通貨としてユーロが導入され、02年1月に現金通貨としてのユーロが発足したのです。

なお、つぎの9ヵ国は、ユーロを導入していません。デンマーク、スウェーデン、イギリス、ブルガリア、チェコ、ハンガリー、ポーランド、ルーマニア、クロアチア。

通貨統合とは、域内通貨間で厳格な固定為替レートを適用することです。ただし、ユーロの場合は、中央銀行が存在します。これがブレトンウッズ体制の固定為替レート制と異なる点です。さらに、次項で述べる「ターゲット2」という決済システムが存在することが、ブレトンウッズ体制とは大きく異なる点です。

「ターゲット2」でドイツはギリシャに自動的に貸し付ける

ユーロには、「ターゲット2」と呼ばれるユーロ加盟国間の決済システムがあります。これはやや複雑な仕組みですが、ユーロの仕組みを理解するには、これについて知るのが不可欠なので、簡単に説明しましょう。

いま、ギリシャがドイツに対して貿易赤字になっていたとしましょう。ドイツからギリシャへ同額の民間資金の流入があれば、この状態を継続できます。たとえば、ギリシャ人がドイツの自動車を購入すると、これによってギリシャのドイツに対する貿易赤字は、自動車代金分だけ増大します。ところが、仮にドイツの自動車会社が自動車の購入代金の金額をこのギリシャ人に貸すとすれば、ギリシャのドイツに対する負債が自動車代金分だけ増大するので、ドイツに対する貿易赤字と帳消しになります。

それでは、ギリシャの借り入れ返済能力が疑われ、民間資金流入がストップしてしまったらどうでしょうか。

ギリシャ、ドイツがかつてのERMのような固定為替同盟を結んでいたのだとすれば、民間資金流入が止まってしまえば、ギリシャは貿易赤字を続けることができなくなります。

そこで、ギリシャは財政支出の削減、増税による消費削減などにより輸入を減少させ、貿易収支を均衡化させなければなりません。つまり、金本位制でレートを固定していた場合と同じことが起きるのです。それが無理なら、ギリシャは平価を切り下げます（平価を切り下げるとは、たとえば、それまで1ユーロ＝300ドラクマであったものを、1ユーロ＝400ドラクマにするということです）。

しかし、ユーロの下では、これと異なる調整が行なわれます。ターゲット2と呼ばれる決済システムを通じて赤字がファイナンスされるのです。

たとえば、ドイツから自動車を買うギリシャ人は、ギリシャの銀行に持つ預金を用いて決済できます。この取引は、最終的には、「ドイツがECBに貸し付けをし、ギリシャがECBから借り入れをする」という形で処理されます。この貸借は自動的に起こり、しかも返済期限があるわけではありません。またその額に上限があるわけでもありません。

繰り返しますが、固定為替制度であれば、あるいは金本位制度であれば、ギリシャから資金が流出し、ギリシャは経済活動を縮小せざるをえなくなるでしょう。しかし、ターゲット2の下では、このような調整は起こらないのです。このため、貿易不均衡はそのまま残ります。そして、ギリシャはいつまでも支出を拡大することができます。

ユーロ危機とは？

リーマンショック直後に始まったアメリカの量的緩和政策QE1〜3によって、短期金利が低い水準に抑えられました。そのため、ヘッジファンドが借り入れをして投資額を増やすレバレッジ投資が盛んになり、投機の対象はさまざまな資源や商品に向けられるようになりました。

その一部はヨーロッパの住宅市場に向かい、スペイン、イギリス、アイルランド、東ヨーロッパ諸国で住宅バブルを引き起こしました（ユーロ圏ではありませんが、イギリスの住宅価格も急上昇しました）。

欧州に流れた資金は住宅だけではなく、イタリア、ギリシャ、スペイン、ポルトガルなどの南欧国債にも投資され、利回りを上昇させました。ギリシャを初めとする南欧諸国の国債は、もともとリスキーなものが多いのですが、リスキーな国債であるにもかかわらず投資金がそこに流れ込んだため、国債価格が高騰し国債バブルが引き起こされました。欧州の住宅価格低下によって不良債権が発生したことは、南欧諸国の経済に大打撃を与え、ギリシャでは財政問題が発覚しました。

２０１１年の秋から12年夏にかけて、ユーロ危機のために投資資金が南欧国債から流出して、南欧国債の利回りが高騰（価格は下落）しました。ユーロ圏からの資金流出が、ユーロ安をもたらしました。11年頃の円高は、ユーロ圏から日本に流入した巨額の短期資金によって加速されたと考えられます。

ところが、12年9月にＥＣＢが南欧国債の無制限購入措置を決定しました。それまでは南欧国債の価格の暴落を予想して南欧国債から資金が流出する危険があったのですが、ＥＣＢが無制限に買い入れるという約束をしたので暴落が防げる見通しがつきました。これを契機に、ユーロ圏からの資金流出が止まり、資金のユーロ回帰が始まりました。その結果、ユーロ高がもたらされ、ユーロに対して顕著な円安が進みました。それに引かれて、ドルに対しても円安が進んだのです。

しばしば、「円安は安倍晋三内閣の金融緩和政策によってもたらされた」と言われますが、そうではなく、円安は、ユーロ危機の鎮静化によってもたらされたのです。円安が安倍内閣の成立前の12年秋から始まっていることを見れば、これは明らかです。

ところで、ユーロ危機は完全に解決されたわけではありません。仮に南欧国債が値下がりすると、ドイツの金融機関が南欧国債を購入しているのでドイツに損失が発生します。したがって、基本的な不安定要素があり、危機が再燃する可能性を否定できません。10年5月、ギリシャ財政赤字問題をきっかけに世界の金融市場が動揺し、世界同時株安が発生しました。

ターゲット2における債権・債務の不均衡は、09年頃までは、それほど大きなものではありませんでした。しかし、ユーロ危機が顕在化した10年以降、不均衡バランスが急速に拡大しました。

ドイツ、オランダなどの債権残高が急激に増え、その半面で、ギリシャ、スペインなど南欧諸国の債務残高が急激に増えたのです。12年8月末におけるドイツ連邦銀行の債権残高は、7514億ユーロにまで膨れ上がりました。他方で、ギリシャ、アイルランド、イタリア、ポルトガル、スペインの債務残高は、8910億ユーロになりました。

12年9月にECBが国債買い切りプログラムを決定したため、ドイツ連銀の債権は、5450億ユーロに減少し、赤字国の債務も5950億ユーロに減少しました。しかし、15年にギリシャの債務が再び増加し、それに伴って、ドイツの債権が再び増加しました。

ギリシャがユーロを離脱すると、ターゲット2の債務を踏み倒す恐れがあります。他方、ドイツが離脱すると、債権を回収できません。だから、ドイツはギリシャを支援し続け、ギリシャにユーロに踏みとどまってもらわなければならないのです。

債権国ドイツが債務国を支配しているのではなく、皮肉なことに、債務国ギリシャが強い立場にいて、「巨額の債権を抱えてしまったため弱い立場にいる」ドイツを振り回しているのです。

ユーロが抱える矛盾

2015年にもギリシャ問題が再発しましたが、この間の事情は、つぎのようなものでした。

ギリシャ中央銀行が印刷した1ユーロ紙幣は、ドイツに持っていっても1ユーロの価値があります。しかし、ギリシャの銀行に預けてある1ユーロの預金は、銀行がつぶれれば、無価値になってしまいます。

15年の春からギリシャの銀行に対する信頼が失われ、ギリシャの預金者は、預金を引き出してユーロ紙幣で持つ、あるいは、他の国（たとえばドイツ）の銀行に預金するという行動をとりました。同じ1ユーロでも、ギリシャの銀行預金か、紙幣か、あるいはドイツの銀行にある預金かで価値が異なる状況がもたらされたのです。この結果、ギリシャの銀行における預金が激減し、ギリシャ経済が円滑に回らなくなってしまいました。

この場合もギリシャの銀行の預金が減少するので、ギリシャ人が預金を引き出してドイツ車を買ったのと同じことが起きます。つまり、ギリシャのターゲット2債務が増大します。では、ギリシャの銀行における預金激減に対して、いかなる措置が必要でしょうか？

もしギリシャがユーロに加入していないとすれば、ギリシャ中央銀行が最後の貸し手として一時的な資金の貸し付けを行なうでしょう。

しかし、ギリシャがユーロに加入している限り、それは自由にはできません。なぜなら、そうすれば、ユーロの残高が増加してしまうからです。これは、ユーロの金融政策に関することなので、ＥＣＢの許可がないとできないのです。ギリシャは割り当てられている２７０億ユーロまでは紙幣を印刷できますが、それ以上印刷するとＥＣＢに対する債務となります。

そこで、緊急流動性支援（ＥＬＡ：The Emergency Liquidity Assistance）によって、緊急融資がギリシャ中央銀行に対して行なわれました。これによって、ギリシャの銀行は、預金の減少を補いました。

以上の説明から、ユーロのシステムは二重の意味で問題を抱えていることがわかります。第1に、貿易不均衡があっても、ターゲット2によって自動的にファイナンスされてしまい、不均衡を是正しようとする市場の圧力が働かないこと。第2に、ギリシャ国内銀行が取り付けに直面しても、ギリシャ中央銀行だけでそれに対処することができないこと。

しばしばユーロの問題の原因は、「経済力の異なる国が無理やり固定為替レートを守ろうとすることにある」と言われます。以上で述べた問題が生じる基本的な理由はギリシャの経済力が低いことであるのですから、この見方は間違いではありません。しかし、それだけが問題なのではないのです。

実際、同じ問題をERMも持っていたにもかかわらず、ターゲット2のような自動的な赤字調整の仕組みがなかったため深刻な問題を引き起こすことはありませんでした。ユーロは、「ターゲット2という決済システムを持ち、しかも、個別国の中央銀行が最後の貸し手になりえない」という意味で、ERMにはなかった制度的欠陥を抱えているのです。

ユーロとは、財政統一なしに金融のみを統一した仕組みです。一般的に考えても、もともと無理な仕組みです。現実のユーロ圏ではさらに、ドイツ、フランスなどの先進的グループと、ギリシャ、スペインなどの後進的グループが混在しています。これら2つのグループの間には、生産性の大きな格差があります。これまでの支援さえ、ドイツ国民は支持していません。財政統一に進むのは到底無理です。

3　ドイツはヨーロッパを搾取しているのか？

ドイツ帝国によるヨーロッパ支配？

ＥＵやユーロは、経済的に格差がある国家を包含しています。ドイツ、オランダなどの経済的強国と、問題を抱える南欧諸国が含まれています。これが様々な問題を引き起こすのです。現在ＥＵやユーロで起きている問題は、基本的にこのことに起因するものです。そして、その解決の方向は示されていません。

経済力の異なる国を統一した場合に、利益を受けるのは、強い国でしょうか？　それとも弱い国でしょうか？

ＥＵの場合、一般には、ドイツなどの強い国だと言われます。

現代のドイツが他のヨーロッパ諸国を支配し搾取していると、よく言われます。

エマニュエル・トッドの『「ドイツ帝国」が世界を破滅させる』（文春新書）は、いまやヨーロッパには、ドイツ自体よりも大きな非公式の「ドイツ圏」が存在し、ローマ帝国とほぼ同じ範囲に広がっているといいます。彼は、要約すると次のように言っています。

冷戦の終結によって生まれたドイツ帝国は、EUが提供する自由貿易圏を利用して利益を得た。さらに、EUの拡大によって、部品製造を東ヨーロッパに移転した。ここには、社会主義政権下で高い水準の教育を受けた良質の労働力が存在する。彼らを安いコストで利用し、経済を復活させた。

ユーロ圏はドイツからの輸出だけが一方的に増える空間となり、ドイツと他の参加国との貿易不均衡が顕在化した。ドイツは、債務国となった南ヨーロッパを被支配地域として、ヨーロッパ大陸を経済的・政治的にコントロールし、支配するに至っている。

ソ連が、東ヨーロッパの支配で衰退したのは、軍事的なコストを経済的な利益で埋め合わせできなかったからだ。しかし、ドイツの場合には、安全保障のコストはアメリカが負っている。

この類の議論は、感情に訴えやすいものです。ドイツのイメージは、もともとあまりよくありません。中世においては、ドイツ騎士団が北方十字軍を結成して、北ヨーロッパを侵略しました。それを継承したプロイセンも軍事的拡張主義を取りました。そして、ナチスドイツは、自らを第三帝国と称して、「生存圏」を確保しようとしました。

このようなイメージはまだ残っているので、現代のドイツがそれを新たな形で復活させているという説明は、まことにわかりやすいものです。

ドイツは自動的に援助している

ドイツに貿易黒字が生じているのは事実です。しかし、略奪しているから生じているわけではありません。貿易とは、言うまでもなく経済的等価交換です。

しかも、ドイツは貿易黒字を貯め込んでいるわけでもありません。

ドイツは、EUを通じる明示的な援助のほかに、すでに述べたターゲット2によって貿易赤字国に対するファイナンスを自動的に行なっています。

また、「EUは、東欧の安価な労働者を利用して経済力を強めた」といわれます。

こうした意見は、特にフランスで強く見られます。また、ユーゴなど旧東欧諸国からの労働者によって、ドイツが利益を受けたことは事実です。しかしこれは、EUがなくても生じたことでしょう。これが実現した原因としては、東西冷戦の終結のほうが、はるかに大きかったと考えられます。

また、「ユーロという固定為替レート制を採用したので、ドイツの輸出が増大することになった」との意見もあります。しかし、かつてマルクの時代においては、マルクが強かったため、ドイツ人はヨーロッパの他国（とくに南欧諸国）への旅行を楽しむことができました。しかしいまは、ユーロという単一通貨にまとめられてしまったために、そうしたことができなくなったのです。多くのドイツ人は多分いまでも昔の強いマルクを求めていることでしょう。

現実に問題になっているのは、強い国が支援し、弱い国が援助を受けるという側面です。２０１０年頃に起こったユーロ危機において、ＥＵが南欧諸国を支援しました。その財源は、ドイツ、イギリス、オランダなどの強い国が主として負担しました。同様の問題が、15年春にもギリシャで再燃しました。

類似の問題は、今後も続くでしょう。

貿易でドイツはEUから利益を得るか？

貿易収支そのものについても、ドイツがＥＵから利益を得たという見方には、疑問があります。ドイツの貿易収支が巨額の黒字であることは事実ですが、ＥＵがなくてもそうなっていた可能性は高いのです。

ＥＵが存在するために、ドイツは農産物をフランスから輸入しなければならないという事情もあります。もっと条件の良い輸入先が域外にあるので、ドイツは世界を相手に自由貿易をするほうが有利でしょう（第３章の３で述べたように、関税同盟を作ることがかえって事態を悪化させるということの効果は、「関税同盟の貿易阻害効果」と呼ばれます)。

しかし、第二次大戦を引き起こしたという歴史的な責任があるので、ドイツはEUを尊重せざるをえないのです。

ドイツはモノづくりに固執して、後れた

ドイツは、産業革命において先発国イギリスを追い抜きました。この状態は第二次大戦後も続きました。しかし、モノづくりに固執しました。

1980年代、英米で新自由主義的な経済政策が取られ、自由な市場を基本とする経済活動が広がりました。しかし、東ドイツは社会主義経済のままであり、西ドイツでも、「社会的市場経済」の考えが支配的でした。

そして90年代からのIT革命においては、アメリカ、イギリス、アイルランドなど、マーケットを積極的に活用する経済に後れをとったのです。新しい産業の時代において、ドイツは立ち遅れつつあったのです。この点で日本と似ています。

日本では、ドイツ経済がヨーロッパ経済を牛耳っているように報道されます。しかし、経済成長率を見ても一人当たりGDPを見ても、イギリスやアイルランドに後れをとっているのです。

ドイツは、従来型モノづくりから脱却できるかもしれない

ドイツは、IT革命では後れがちでした。ところが、この数年、ドイツでIT関係での先端的スタートアップ企業の誕生が目立ちます。

スマートロック（インターネットを通じて開閉する錠）をブロックチェーンで運営するシステムを開発したSlock.itや、IoT（モノのインターネット）に対応したチェーンを開発するIOTAなど、注目すべきスタートアップ企業が出てきています。

アクセンチュアの調査によると、2015年において、ドイツのフィンテック投資額は前年より843％増加しました。

日本の伸び率が20％増でしかなかったのに比べると、大きく違います。

イギリスの調査会社Sage UKによる調査結果Unicorn Leagueでユニコーン企業（企業評価額が10億ドル以上の非上場ベンチャー企業）の数を見ると、ヨーロッパでは、イギリス（9社）が最多ですが、ドイツ（6社）がそれに続きます。都市別でも、ベルリン（5社）がロンドン（7社）に続きます。

ベルリンは、ヨーロッパのシリコンバレーだと言われます。暫く前から、ベルリン郊外の町クロイツベルクは、世界で最もビットコインにフレンドリーな町だと言われています。

IoTとの関係で、ドイツの製造業は生まれ変わるのかもしれません。IoTは、インダストリー4・0という新しい産業革命を引き起こすとされています。宣伝文句どおりに捉えれば、その本質は、職人芸の延長線上にある従来のモノづくりの局所的、ミクロ的な最適化から脱却し、システム全体のマクロ的最適化を目的とするものです。

これは、経済思想の大きな転換です。

4 イギリスは、脱工業化で成長

イギリスは製造業から高度サービス業へ

イギリスのEU離脱問題を評価するには、イギリス経済についての正しい理解が必要です。イギリスの経済構造は、日本のそれとは大きく違います。しかし、そのことが、日本では必ずしもよく知られていません。日本と同じような産業構造の国であると考えると、EU離脱問題を正しく理解することができません。

イギリスにおいて、製造業は停滞しています。伸びているのはサービス産業です。

就業者数で見ると、2015年9月において、総就業者数3374・4万人のうち、製造業は264・8万人であって、7・8%に過ぎません。

これに対して、金融・保険業は114・8万人であり、3・4%を占めます。不動産52・4万人を加えれば、5・0%になります。

また、専門的科学・技術活動というカテゴリーの就業者が291・1万人いるのが注目されます。ウエイトは8・6%であり、製造業のそれを超えます。しかも、年率4・5%ときわめて高い伸びを示しています。

つまり、イギリスの場合、経済を支え、成長を牽引しているのは、製造業ではなく、高度サービス業なのです。

この点では、アメリカと似ています。そして、日本やヨーロッパ大陸諸国とはかなり状況が異なります。ドイツ、フランス、イタリアなどの大陸諸国では、製造業の比率はまだ高いのです。

多くの人は、イギリスが日本と同じように製造業の比率が高い国だと考えがちです。しかし、実際には日本とはかなり異質の産業構造を持っていることに注意が必要です。

だから、EUとの関係を考える場合にも、重要なのは、「イギリスの製造業が生産したものをヨーロッパ大陸に売れるかどうか」という伝統的な貿易の問題というよりは、サービスの貿易であり、また、ヨーロッパ大陸との間の金融活動がどうなるかなのです。

イギリスの経済パフォーマンスは良好

イギリスの経済パフォーマンスは、かなり良好です。実質GDPの成長率はアメリカに次いで高く、日本やEU平均よりかなり高くなっています。

一人当たりGDPで見ても、イギリスは高くなっています。IMFのデータによると、イギリスの一人当たりGDPは、2015年において4・4万ドルであり、アメリカの5・6万ドルには及ばないものの、ドイツの4・1万ドルや日本の3・5万ドルなどより高くなっています。

イギリスの一人当たりGDPは08年まではドイツより高かったのです。そして15年以降、再びドイツより高くなると予測されています。

これは、右に見たように、イギリスの産業構造が高度サービス産業中心になっており、大陸諸国や日本のように製造業の比率がいまだに高い経済とは異なるからです。

日本では、イギリスに関して1980年頃までのイメージを持ち続けている人が多くいます。イギリス病から脱却できずに、経済活動が衰退しているというイメージです。しかし、イギリスは、90年代に大きく変貌したのです。

イギリス経済活動の中核にある国際的資金仲介

イギリスの対外資産・負債は、イギリスのGDPの5倍程度の規模になっています。日本の対外資産はGDPの1・9倍ですから、イギリスの対外資産が経済規模に比べてきわめて大きいことが分かります。

しかも、資産と負債はほぼ同額であり、ネットではゼロ近くになっています。こうなるのは、海外から資金調達をして、それを投資しているからです。これは、日本の場合とは異質のパターンです。日本では、対外負債が少なくなっています。このため、第1章で述べたように、対外純資産が多くなっているのです。

日本の場合には、過去の経常収支の黒字によって海外資産が蓄積され、それを受動的に運用しているに過ぎません。それに対してイギリスの場合には、積極的に資金調達をして、それを投資に回しているのです。つまり国際的な資金仲介を行なっているわけです。

実際、このような国際的金融活動が、イギリスの経済活動の大きな特徴なのです。

イギリスの経済活動の中で金融が大きな比重を占めていることを見ましたが、イギリスの場合にはその金融活動の中核は、国内における資金仲介というよりは、国際的な資金仲介なのです。

地域別に見ると、ヨーロッパが約半分を占めています。したがって金融取引の面においても、ヨーロッパが大きな比率を占めています。

ロンドンで国際的金融業務を行なっている主体は、イギリスの伝統的な金融機関というよりは、アメリカやドイツなど海外の金融機関です。したがってパスポート協定が極めて重要な意味を持ちます。

ただし、仮にイギリスがEUとのパスポート協定を結べなかったとしても、アメリカなどの金融機関はEUのどこかで免許を取ればEUでの活動はできます。それは決して簡単なことではないでしょうが、一定のコストと時間をかければできないことではありません。そして、ロンドンは金融業務のための優れたインフラストラクチャーを持っているので、イギリスで金融活動を行なわないということはないでしょう。

【わ行】

【ま行】

【や行】

【ら行】

【な行】

【た行】

【さ行】

【か行】

索引

「講談社現代新書」の刊行にあたって

教養は万人が身をもって養い創造すべきものであって、一部の専門家の占有物として、ただ一方的に人々の手もとに配布され伝達されうるものではありません。

しかし、不幸にしてわが国の現状では、教養の重要な養いとなるべき書物は、ほとんど講壇からの天下りや単なる解説に終始し、知識技術を真剣に希求する青少年・学生・一般民衆の根本的な疑問や興味は、けっして十分に答えられ、解きほぐされ、手引きされることがありません。万人の内奥から発した真正の教養への芽ばえが、こうして放置され、むなしく滅びさる運命にゆだねられているのです。

このことは、中・高校だけで教育をおわる人々の成長をはばんでいるだけでなく、大学に進んだり、インテリと目されたりする人々の精神力の健康さえもむしばみ、わが国の文化の実質をまことに脆弱なものにしています。単なる博識以上の根強い思索力・判断力、および確かな技術にささえられた教養を必要とする日本の将来にとって、これは真剣に憂慮されなければならない事態であるといわなければなりません。

わたしたちの「講談社現代新書」は、この事態の克服を意図して計画されたものです。これによってわたしたちは、講壇からの天下りでもなく、単なる解説書でもない、もっぱら万人の魂に生ずる初発的かつ根本的な問題をとらえ、掘り起こし、手引きし、しかも最新の知識への展望を万人に確立させる書物を、新しく世の中に送り出したいと念願しています。

わたしたちは、創業以来民衆を対象とする啓蒙の仕事に専心してきた講談社にとって、これこそもっともふさわしい課題であり、伝統ある出版社としての義務でもあると考えているのです。

一九六四年四月　野間省一

講談社現代新書　2473

世《せ》界《かい》経《けい》済《ざい》入《にゅう》門《もん》

二〇一八年八月二〇日第一刷発行　二〇二〇年一〇月二〇日第四刷発行

著者　野《の》口《ぐち》悠《ゆ》紀《き》雄《お》　© Yukio Noguchi 2018

発行者　渡瀬昌彦

発行所　株式会社講談社

東京都文京区音羽二丁目一二―二一　郵便番号一一二―八〇〇一

電話　〇三―五三九五―三五二一　編集（現代新書）

〇三―五三九五―四四一五　販売

〇三―五三九五―三六一五　業務

装幀者　中島英樹

印刷所　株式会社新藤慶昌堂

製本所　株式会社国宝社

定価はカバーに表示してあります　Printed in Japan

N.D.C.333　238p　18cm

ISBN978-4-06-288473-0